Nürnberg

Ralf Nestmeyer

MERIAN-TopTen

Höhepunkte, die Sie unbedingt sehen sollten

1 Christkindlesmarkt
Der berühmteste deutsche Weihnachtsmarkt lockt alljährlich zwei Millionen Touristen nach Nürnberg (→ S. 37).

2 Tiergarten Nürnberg
Ein herrlicher Landschaftszoo! Für alle, die einmal sehen wollen, wie Eisbären tauchen oder Delfine schwimmen (→ S. 40).

3 Burg
Nicht nur eine der mächtigsten Burgen Deutschlands, bis heute auch das unumstrittene Wahrzeichen der Stadt (→ S. 45).

4 Hauptmarkt
Nürnbergs »Wohnzimmer« mit dem Schönen Brunnen und der Frauenkirche ist ein geschichtsträchtiger Ort (→ S. 51).

5 Lorenzkirche
Hier sind mit dem Sakramentshäuschen und dem Engelsgruß zwei bedeutende mittelalterliche Werke zu sehen (→ S. 55).

6 Dokumentationszentrum Reichsparteitagsgelände
Eindrucksvoll werden hier die dunklen Seiten der Nürnberger Geschichte gezeigt (→ S. 68).

7 Germanisches Nationalmuseum
Ein wahrer Tempel der Kunst und Kultur mit mehr als 25 000 Ausstellungsstücken (→ S. 70).

8 Museum Industriekultur
Hier ist der massive Wandel, der in den letzten 200 Jahren Technik und Alltag ergriffen hat, anschaulich zu fassen (→ S. 72).

9 Neues Museum
Hinter der spektakulären Glasfassade verbirgt sich ein nicht alltägliches Museum für moderne Kunst und Design (→ S. 74).

10 Tiergärtnertorplatz
Direkt an die Stadtmauer geschmiegt, besitzt dieser Platz ein nicht nur im Sommer einzigartiges Flair (→ S. 83).

MERIAN-Tipps ⋯>
finden Sie auf Seite 128

Inhalt

Erläuterung der Symbole

Für Familien mit Kindern besonders geeignet

Diese Unterkünfte haben behindertengerechte Zimmer

In diesen Unterkünften sind Hunde erlaubt

Preise für Übernachtungen im Doppelzimmer ohne Frühstück:

●●●● *ab 150 €* ●● *ab 60 €*
●●● *ab 100 €* ● *bis 60 €*

Preise für ein Menü mit Vorspeise und Dessert, ohne Getränke:

●●●● *ab 65 €* ●● *ab 18 €*
●●● *ab 35 €* ● *bis 18 €*

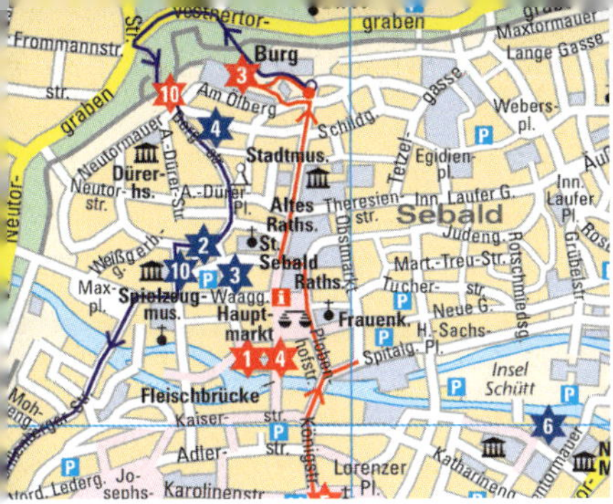

Karten und Pläne

Die Buchstaben-Zahlen-Kombinationen im Text verweisen auf die Planquadrate der Karten, z. B.
⟶ S. 119, F 20 Kartenatlas
⟶ S. 95, b 2 Detailkarte innen

Mit Stadtplan

Nürnberg stellt sich vor

Willkommen im Mittelalter: Das Ensemble aus Fachwerkbau des Weinstadels (→ S. 63), Wasserturm und überdachtem Henkersteg bildet von der Maxbrücke aus betrachtet eines der beliebtesten Fotomotive der Stadt.

»Tradition und Moderne« – Nürnberg verbindet beides: Die Stadt ist eines der meistbesuchten romantischen Reiseziele Europas und ein hochinnovativer Wirtschaftsstandort.

Des Reiches Schatzkästlein

Nürnberg ist ein Traum, mit gotischen Kirchen und runden Wachtürmen, mit Mauern und Graben, mit der Burg und Gassen, die noch kürzlich aussahen wie vor 500 Jahren«, schrieb der vor wenigen Jahren verstorbene Schriftsteller und Ehrenbürger **Hermann Kesten** über seine Heimatstadt. Daran hat sich bis heute nichts geändert: Nürnberg gilt immer noch als Inbegriff der deutschen Romantik und Tradition. Mit Nürnberg assoziieren die Besucher auf Anhieb Lebkuchen, Bratwürste, Butzenscheiben, Spielwaren und den Christkindlesmarkt. Das große touristische Kapital sind die **mächtige Burganlage** sowie die **Altstadt**, die von einem vollständig erhaltenen Mauergürtel umschlossen ist und die sich bequem zu Fuß erkunden lässt. Wer durch die schmalen Altstadtgassen streift, findet noch das eine oder andere spätmittelalterliche Fachwerkhaus, das vom einstigen Glanz der Reichsstadt kündet. Doch die Altstadt ist weit mehr als eine historische Kulisse, sie ist Einkaufszentrum und Flaniermeile zugleich.

Nürnberg galt als Symbol für das glorreiche deutsche Mittelalter und wurde aufgrund seiner zahlreichen Kunst- und Kulturdenkmäler als des »Deutschen Reiches Schatzkästlein« gerühmt. Hier wurden die Reichskleinodien verwahrt, und jeder neu gewählte deutsche König musste hier seinen ersten Reichstag abhalten. Das 15. und 16. Jahrhundert waren ein »Goldenes Zeitalter«. Die mächtige Reichsstadt wurde in einem Atemzug mit Venedig, Brügge und anderen großen europäischen Metropolen genannt. Wirtschaft und Handel florierten, kaum eine andere Stadt beherbergte so viele Künstler innerhalb ihrer Mauern. Während dieser Blütejahre prägten Michael Wolgemut und Albrecht Dürer, Peter Vischer und Adam Kraft, Veit Stoß und Wenzel Jamnitzer das Ansehen der Stadt. Auch in literarischer Hinsicht machte Nürnberg auf sich aufmerksam. Drei der bedeutendsten Dichter volkstümlicher Fastnachtspiele, Schwänke und Dramen wirkten hier: Hans Sachs, Hans Folz und Hans Rosenplüt.

Einen Teil der damals geschaffenen Kunstschätze kann man im **Ger-**

Jürgen Goertz' Hasen-Skulptur von 1984 am Tiergärtnertorplatz (→ S. 83) ist eine augenzwinkernde Hommage an den großen Meister der Stadt, Albrecht Dürer.

manischen Nationalmuseum bewundern. Doch gibt es in Nürnberg noch weit mehr zu entdecken als Gemälde und Fayencen. Jüngere Besucher bekommen bei einem Hinweis auf das Spielzeugmuseum leuchtende Augen, während Technikinteressierte die Auswahl zwischen dem DB-Museum und dem Museum Industriekultur haben. Einen eleganten Abriss der Stadtgeschichte vermittelt das Fembohaus, das mit seiner prachtvollen Renaissancefassade ein Blickfang auf dem Weg zur Kaiserburg ist.

Man muss allerdings nicht unbedingt ins Museum, um in den Genuss hochwertiger Kunst zu kommen: Die beiden Hauptkirchen beherbergen mit dem Sebaldusgrab aus der Werkstatt des Peter Vischer, dem »Englischen Gruß« von Veit Stoß und dem Sakramentshäuschen von Adam Kraft drei der herausragendsten Kunstwerke des deutschen Spätmittelalters. Das Albrecht-Dürer-Haus erinnert an den berühmtesten Sohn der Stadt, der zu Recht als bedeutendster deutscher Maler gepriesen wird. Und für Hans Sachs, den dichtenden Schuhmacher, hat man vor dem Weißen Turm mit dem Ehekarussell-Brunnen ein großzügiges poetisches Denkmal geschaffen.

Die dunklen Jahre der NS-Zeit

Manchmal genügen wenige Jahre, um den hehren Ruf der Vergangenheit zu beschädigen. Wie kaum eine andere deutsche Stadt wird Nürnberg mit der nationalsozialistischen Zwangsherrschaft in Verbindung gebracht. In der fränkischen Metropole gab Julius Streicher sein antisemitisches Hetzblatt »Der Stürmer« heraus, hier wurden die »Nürnberger Rassengesetze« verkündet, und nach Kriegsende die größten Naziverbrecher in den **Nürnberger Prozessen** verurteilt und hingerichtet. Vor allem die erdrückenden Propagandabilder von den **Reichsparteitagen** prägten das Image der Stadt. Nur wenige Zeitgenossen wie Lion Feuchtwanger prangerten die Parteitage als einen »Versammlungsort des Pöbels« an, die Nürnberg zu einem »Aufmarschgelände der Dummheit und Gewalt« machten. Um einen Schlussstrich unter die beschämende Vergangenheit zu ziehen, hat man nach Kriegsende Teile des Areals in die Luft gesprengt. Die noch vorhandenen Ruinen sind wie die Reste eines faulen Gebisses rund um den Dutzendteich verstreut. Mit dem **Dokumentationszentrum Reichsparteitagsgelände** wurden unlängst die Grundlagen geschaffen, Besucher eindrucksvoll über den Größenwahn der Nationalsozialisten zu informieren.

Durch seinen großen Symbolcharakter geriet Nürnberg fast zwangsläufig in den Fokus der alliierten Bombengeschwader. Am 2. Januar 1945 sorgten 521 Bomberpiloten der königlich-britischen Luftwaffe für ein wahres Bombeninferno. Am Ende des Krieges lag die halbe Stadt in Schutt und Asche. Weite Teile der Nürnberger Altstadt erinnerten an ein Ruinenfeld, die alliierten Sprengkörper hatten große Lücken geschlagen, bedeutende historische Bauwerke wie das Pellerhaus waren für immer verloren, andere, wie der Chor der Sebalduskirche und der Große Rathaussaal, mussten mühsam rekonstruiert werden. Die einzigartige Stadtmauer und die Kaiserburg blieben glücklicherweise weitgehend verschont.

Der **Wiederaufbau** stellte eine große Herausforderung dar, die mit Bravour gemeistert wurde. Letztlich ist das einheitliche Erscheinungsbild der Altstadt vor allem jedoch dem Umstand zu verdanken, dass man sich darauf verständigte, das alte Straßennetz beizubehalten, die historische Dächerlandschaft nicht zu verändern und auf den Bau von Hochhäusern innerhalb der Stadtmauern zu verzichten.

Der Business Tower der Nürnberger Versicherungsgruppe gilt mit 135 Metern als höchster Büroturm Bayerns.

In Nürnberg hat selbst die Zukunft Tradition. Schon im Mittelalter war der Nürnberger Witz, sprich **Erfindergeist**, in ganz Europa ein Begriff; auf allen bedeutenden Märkten waren die Kaufleute der Reichsstadt präsent, wie das Sprichwort »Nürnberger Tand geht durch alle Land« noch heute in Erinnerung ruft. Aus Nürnberg stammt zudem eine Vielzahl technischer Innovationen: Der Patrizier Peter Stromer gilt dank der von ihm begründeten Nadelwaldsaat als »Vater der Forstkultur«. Sein Halbbruder Ulman Stromer errichtete 1390 an der Pegnitz die erste Papiermühle nördlich der Alpen, Martin Behaim entwickelte hier seinen berühmten Globus, und Peter Henlein bastelte an seiner Taschenuhr, dem »Nürnberger Ei«. Im anbrechenden Industriezeitalter spielte Nürnberg im süddeutschen Raum eine führende Rolle, und so verwundert es auch nicht, dass die **erste Eisenbahn** auf dem europäischen Kontinent 1835 von Nürnberg nach Fürth fuhr.

Nürnberger Tand im ganzen Land

Erst im 19. Jahrhundert wuchs Nürnberg über seine Mauern hinaus und entwickelte sich zu einer modernen **Industriestadt**, in der vor allem die Elektro- und Metallindustrie florierte. Firmennamen wie MAN oder die großen Bleistifthersteller Staedtler, Lyra, Schwan-Stabilo und Faber-Castell sind untrennbar mit Nürnberg verbunden. Nicht zu vergessen: die **Spielwarenindustrie**, deren lange Tradition dazu geführt hat, dass alljährlich in Nürnberg die weltweit bedeutendste Spielwarenmesse abgehalten wird. Apropos Messe: Nürnberg gehört zu den führenden Messestandorten Europas. Der Strukturwandel der letzten Jahrzehnte hat die traditionellen Industriezweige Maschinenbau und Elektrotechnik in eine schwere Krise gestürzt, einzig die Druckindustrie ist verschont geblieben.

Gleichzeitig hat sich Nürnberg zu einem beliebten Standort für die **Hightechindustrie** und den **Dienstleistungssektor** gewandelt. So betreibt beispielsweise die Firma Alcatel-Lucent im Nordostpark ihr größtes Forschungszentrum außerhalb der USA. Die Nürnberger Versicherung und die im Steuerberatermarkt tätige DATEV sind die größten Arbeitgeber der Stadt. Hinzu kommen mehrere Callcenter und die Marktforschungsinstitute, allen voran die GfK, die maßgeblich dazu beigetragen hat, dass inzwischen jeder dritte deutsche Marktforscher in der Frankenmetropole arbeitet. Das wirtschaftliche Potenzial der Stadt wurde auch von der Europäischen Union gewürdigt: Zusammen mit der **Kleeblattstadt Fürth** und der **Universitätsstadt Erlangen** bildet Nürnberg das Herzstück der »Metropolregion Franken«.

Hohe Lebens- und Freizeitqualität

Nahezu zeitgleich mit dem Beginn der Industrialisierung ging der Verlust der reichsstädtischen Selbstbestimmung einher. Im Jahre 1806 wurde Nürnberg dem bayerischen Königreich zugeschlagen. Bis heute hat man es den Bayern nicht verziehen, dass sie die reichen Kunstschätze der Reichsstadt geplündert haben. Die Ablehnung der bajuwarischen Selbstherrlichkeit ist geradezu identitätsstiftend. Auf keinen Fall sollte man daher den Fehler begehen, einen Nürnberger als Bayern zu bezeichnen. Dies würde er nur schwerlich verzeihen. Auch in der Mentalität sind die Unterschiede spürbar: Die Nürnberger gelten als spröde und verschlossen, ertragen den Lauf der Dinge mit einem an Stoizismus grenzenden Gleichmut (»baschd scho«). Einzig am sportlichen Schicksal ihres geliebten **Clubs** (1. FCN) nehmen sie leidvoll Anteil.

Internationale Studien bescheinigen Nürnberg eine **hohe Lebensqualität**. In den verschiedenen Rankings steht die Frankenmetropole beispielsweise vor Hamburg oder San Francisco. Was Gesundheitsversorgung und Umwelthygiene betrifft, rangiert Nürnberg weltweit sogar unter den Top Ten. So ist es gerade die Mischung aus einer modernen Großstadt auf der einen und einer charakteristischen Altstadt auf der anderen Seite, die auch von den Besuchern geschätzt wird. Es lebt sich gut in Nürnberg. Dies drückt sich in der großen Verbundenheit und in einer überdurchschnittlich hohen Identifikation der Einheimischen aus.

Zu den weiteren Aktivposten zählen das **große Freizeitangebot** sowie ein abwechslungsreiches Naherholungsgebiet. Das Pegnitztal oder der Reichswald bieten sich geradezu für Spaziergänge und Radtouren an. Ein Stückchen weiter verlocken die Hersbrucker und die **Fränkische Schweiz** mit ihren vielen Privatbrauereien zum Einkehren, Wandern und Klettern. Mit dem Auto oder öffentlichen Nahverkehrsmitteln sind die karstigen Felsen in nicht einmal einer Stunde genauso schnell zu erreichen wie das **Fränkische Seenland**, an dessen Badeseen sich im Sommer Wasserratten und Sonnenanbeter tummeln.

Blick von der Fleischbrücke (→ S. 49) Richtung Trödelmarkt. Die Pegnitz unterteilt das mittelalterliche Nürnberg genau in der Mitte in die Sebalder und die Lorenzer Altstadt.

Gewusst wo ...

Der Biergarten des Restaurants Kettensteg (→ S. 19) ist der perfekte Ort, um einen warmen Sommertag ausklingen zu lassen. Der alte Baumbestand spendet kühlen Schatten – und die herrliche Lage an der Pegnitz ist ein zusätzlicher Pluspunkt.

Übernachten in Themenhotels, essen in Gourmettempeln oder Bratwurstküchen, vielfältige Einkaufsmöglichkeiten und eine so lebendige wie abwechslungsreiche Kneipenkultur – Nürnberg ist vielseitig.

Übernachten

In der Altstadt oder im Grünen, modern oder traditionell – die passende Herberge findet sich gewiss.

Nostalgisches Fünfziger- und Sechzigerjahre-Flair zeichnet das Hotel Vosteen (→ S. 15) aus. Auch der Frühstücksraum ist stilecht und geschmackvoll dekoriert.

Nürnberg gehört seit rund 200 Jahren zu den beliebtesten Reisezielen in Deutschland. Vor allem bei Italienern und Amerikanern steht die Frankenmetropole hoch im Kurs. Statistisch gesehen bleiben die meisten Touristen zwei Tage in der Stadt. Insgesamt stehen in Nürnberg 13 500 Hotelbetten in rund 150 Beherbergungsbetrieben bereit, wobei das Spektrum von luxuriösen bis zu individuell geführten Häusern reicht.

Nichtsdestotrotz kann es zu Top-Events wie dem Christkindlesmarkt oder der Spielwarenmesse schon einmal kurzfristig zu Engpässen kommen. Wer sich für ein Hotel in der Altstadt entscheidet, kann fast alle wichtigen Sehenswürdigkeiten bequem zu Fuß erreichen. Manche Herbergen locken mit preiswerten Wochenendarrangements. Pauschalangebote lassen sich auch über die Tourismus Zentrale Nürnberg buchen (http://tourismus.nuernberg.de). Dort und in vielen Hotels gibt es die praktische Nürnberg Card (→ A–Z, S. 107).

HOTELS ●●●●

Le Méridien Grand Hotel ⟶ S. 113, F 4

Das Grand Hotel am Hauptbahnhof ist seit 1896 das erste Haus am Platz. Die großzügigen, in warmen Erdtönen gehaltenen Zimmer haben einen Hang zum Plüsch. Im Foyer dominieren Marmor und Kronleuchter.

Bahnhofstr. 1–3; U-Bahn: Hauptbahnhof; Tel. 2 32 20; www.nuernberg.lemeridien.de; 186 Zimmer, Nichtraucherzimmer ●●●●

Ramada Parkhotel ⟶ S. 118, B 13/14

Ein Luxushotel am Rande einer großen Parkanlage, das Ambiente ist zeitgenössisch modern. Komfortable und großzügige Räumlichkeiten. Fitnessstudio, Sauna und Hallenbad sind vorhanden, und zum Joggen liegt der Luitpoldhain direkt vor der Tür.

Münchener Str. 25; Straßenbahnlinie 6 und 9: Platz der Opfer des Faschismus; Tel. 4 74 80; www.ramada-nuernberg.de; 200 Zimmer ●●●●

MERIAN-Tipp

1 Drei Raben

Dieses Themenhotel gefällt nicht nur aufgrund seiner absolut zentralen Lage zwischen Bahnhof und Lorenzkirche. Die Zimmer sind bekannten Nürnbergern wie Albrecht Dürer, Martin Behaim und Peter Henlein gewidmet oder zitieren Mythen vom Ritter Eppelein. Und wahre Fußballfans können in Zimmer 15 vom nächsten Pokalsieg oder der Europacup-Teilnahme des Clubs träumen. Reizvoll sind die Suiten mit einer frei im Raum stehenden Badewanne. Die Hotellounge, in der auch das Frühstück serviert wird, ist außerdem ein beliebter abendlicher Treffpunkt.

Königstr. 63; U-Bahn: Hauptbahnhof; Tel. 27 43 80; www.hotel-drei-raben.de; 48 Betten ●●● ⟶ S. 113, F 4

Schindlerhof ⟶ S. 113, nördl. D 1

Das vielfach ausgezeichnete Landhotel im Vorort Boxdorf begeistert mit seinem liebevollen Service und die anspruchsvollen Tagungsräumlichkeiten. Die Zimmer wurden in unterschiedlichen Stilrichtungen gestaltet. Die breite Palette reicht vom Landhaus- oder Weinzimmer bis hin zum Autozimmer für Motorfans und Räumen im japanisch-minimalistischen Ryokan-Ambiente. Hervorragendes Lokal mit schönem Innenhof.

Steinacher Str. 6–8; Bus 29: Erich-Ollenhauer-Straße; Tel. 9 30 20; www.schindlerhof.de; 92 Zimmer ●●●●

Sheraton Carlton ⟶ S. 113, E 4

Von den Nürnberger Spitzenhotels ist das Carlton das modernste. Es besticht vor allem durch sein Spa: Hoch über den Dächern Nürnbergs findet sich hier ein anspruchsvoller Wellness-Bereich mit Fitnessstudio, Sau-

Zimmer 41 des Hotels Drei Raben (→ MERIAN-Tipp, S. 13) ist dem Nürnberger Tuchhändler Martin Behaim gewidmet. Er gilt als Urheber des ältesten erhaltenen Globus. Der original »Erdapfel« wird im Germanischen Nationalmuseum aufbewahrt.

na und Dampfbad. Doch auch die in drei Kategorien eingeteilten Unterkünfte (Classic, Superior oder Executive) bieten modernen Hotelkomfort auf hohem Niveau.

Eilgutstr. 15; U-Bahn: Hauptbahnhof; Tel. 2 00 30; www.carlton-nuernberg.de; 330 Betten ●●●● ♿ 🐕

Hotels ●●●

Agneshof → S. 113, E 3

Das Hotel mit seinen modernen funktionalen Zimmern ist wie die Agnesgasse nach Dürers Frau benannt, denn das Albrecht-Dürer-Haus ist nur einen Steinwurf weit entfernt. Im Keller gibt es eine Sauna mit Quirlteich und Solarium, und hinter dem Haus versteckt sich eine kleine Liegewiese.

Agnesgasse 10; Bus 36: Burgstraße; Tel. 21 44 40; www.agneshof-nuernberg.de, 72 Zimmer ●●● ♿

Mercure → S. 114, B 8

Unlängst komplett renoviert, überrascht dieses Kettenhotel mit modernem Design zu moderaten Preisen. Durch die Lage am Wöhrder See kann man den Tag bequem mit einer Laufrunde entlang der Pegnitz beginnen.

Dürrenhofstr. 8; Straßenbahnlinie 5: Dürrenhof; Tel. 9 94 90; www.mercure.com; 147 Zimmer ●●● ♿ 🐕

Victoria → S. 113, F 4

Alteingesessenes Hotel in der Lorenzer Altstadt. Besonders ruhig und schön sind die Zimmer mit Blick auf den Klarissenplatz und das Neue Museum. Kostenloses WLAN.

Königstr. 80; U-Bahn: Hauptbahnhof; Tel. 2 40 50; www.hotelvictoria.de; 64 Zimmer ●●● 🐕

Hotels ●●

Klughardt → S. 114, C 6

Persönlich geführtes Nichtraucherhotel mit einem ansprechenden Preis-Leistungs-Verhältnis. Die nicht ganz so zentrale Lage wird durch das freundliche und individuelle Flair wieder wettgemacht. Kostenloses WLAN

sowie Fahrradverleih. Zum Entspannen gibt es einen kleinen Garten.
Tauroggenstr. 40; Straßenbahnlinie 8: Tafelwerk; Tel. 91 98 80; www.hotel-klughardt.de; 33 Zimmer ●●

Merian ⇢ S. 113, E 3
Ein stattliches Sandsteinhaus mitten im Herzen der Altstadt. Individuelle Zimmer mit viel Holz. Das Restaurant **Opatija** befindet sich im Erdgeschoss.
Unschlittplatz 7; U-Bahn 1: Weißer Turm; Tel. 2 14 66 90; www.merian-hotel.de; 21 Zimmer ●●

Prinzregent ⇢ S. 114, A 7
Geräumige Zimmer mit hohen Decken bietet dieses in einem schmucken Jugendstilhaus in Laufweite zur Altstadt (entlang der Pegnitz) gelegene Hotel. Kostenloser Fahrradverleih.
Prinzregentenufer 11; U-Bahn 2 oder 3: Wöhrder Wiese; Tel. 58 81 88; www.prinzregent.net; 34 Zimmer ●●

Vosteen ⇢ S. 113, F 2
Ein Hotel mit Nostalgieflair: Alle Zimmer sind im Stil der Fünfziger- und Sechzigerjahre eingerichtet. Egal, ob Tapeten, Gardinen, Lampen und Bäder – alles ist liebevoll aufeinander abgestimmt, und der moderne Komfort kommt auch nicht zu kurz. Netter Frühstücksraum, kostenloses WLAN.
Lindenaststr. 12; U-Bahn 2 oder 3: Rathenauplatz; Tel. 95 51 23 30; www.hotel-vosteen.de; 12 Zimmer ●●

HOTELS ●

Motel One ⇢ S. 113, F 4
Modernes Kettenhotel in zentraler Lage unweit des Bahnhofs. Viel Design für wenig Geld, wobei bei der Ausstattung keineswegs an edlen Materialien gespart wurde.
Bahnhofstr. 18; U-Bahn: Hauptbahnhof; Tel. 2 74 31 70; www.motel-one.de; 199 Zimmer ●

DJH – Jugendherberge ⇢ S. 113, E 3
Eine der schönsten Jugendherbergen Deutschlands in einzigartiger Lage in der Kaiserstallung mitten auf der Burg. Ein idealer Ausgangspunkt für Stadterkundungen zu Fuß. Achtung: In den bayerischen Jugendherbergen werden Einzelgäste über 26 Jahren nachrangig aufgenommen (Ausnahme: Begleitpersonen und Familien mit Kindern).
Burg 2; Bus 36: Burgstraße; Tel. 2 30 93 60; www.nuernberg.jugendherberge.de; 382 Betten ●

Die Jugendherberge Nürnberg besticht durch ihre spektakuläre Lage oberhalb der Altstadt. Sie ist in der über 500 Jahre alten Kaiserstallung der Burg untergebracht.

Essen und Trinken

Rostbratwürste sind ein Klassiker, doch bietet die Frankenmetropole auch internationale Kost.

Das Gasthaus Rottner (→ S. 18) im Nürnberger Vorort Gebersdorf steht beinahe bilderbuchhaft für fränkische Tradition und Gastlichkeit. In den Sommermonaten sitzt man unter den Linden im schönen Restaurantgarten.

»Schäufele« und »Gniedla«

Traditionell ist die Nürnberger Küche recht deftig und fleischlastig. Die Speisekarten dominieren Schweinebraten, »Schäufele« und Sauerbraten, dessen Soße gelegentlich mit Lebkuchen (→ MERIAN-Tipp, S. 27) verfeinert wird. Vor allem das **Schäufele** genießt in Nürnberg längst den Status eines Klassikers. Die Schweineschulter wird mitsamt ihrem schaufelförmigen Knochen und der dicken Schwarte in den Ofen geschoben. Die Schwarte muss allerdings zuvor rautenförmig eingeschnitten und mit Salz, Pfeffer und Kümmel gewürzt werden, damit die Kruste schön knusprig wird. In manchen Restaurants erhält man als Feinschmeckervariante sogar ein Schäufele vom Wildschwein oder Reh.

Die beliebteste Beilage zu nahezu jeder Fleischspeise sind rohe Kartoffelklöße, auch liebevoll »Gniedla« genannt. Statt Reis und Nudeln findet man auf traditionellen Speisekarten vor allem Kartoffelgerichte. Serviert werden sie auch gerne als »Baggers« (Kartoffelpuffer), Bratkartoffeln, Kartoffelsalat oder Kartoffelsuppe.

Weltberühmt ist Nürnberg für seine **Rostbratwürste**. Schon die Urahnen der Nürnberger wussten: Der Geschmack ist vom Verhältnis von Masse und Umfang abhängig. Gerade mal 25 g wiegt daher eine der fingerdicken Nürnberger Bratwürste, weshalb sie auf dem heißen Rost mehr Röstaromen bilden kann. Verwendet wird nur durchwachsenes Schweinefleisch, das durch den Wolf gedreht und mit Salz, Pfeffer, Majoran und einer Prise Muskatnuss verfeinert wird. Traditionell werden sie in den Bratwurstküchen auf Buchenholzfeuer gebrutzelt und zu 6, 8, 10 oder mehr Stück auf einem Zinnteller zusammen mit einer Portion Sauerkraut und Kren (Meerrettich) serviert – und nicht etwa mit Senf! Wer will, kann die Würste auch als »Saure Zipfel«, also im Essigsud mit Zwiebeln gekocht, bestellen. Eine typisch fränkische Spezialität ist auch die **Stadtwurst mit Musik**, wobei der Wirt nicht mit der Geige aufspielt. Die Musik besteht vielmehr aus einem kalten Gemisch aus Essig, Öl, Zwiebeln und viel Majoran. Eine kulinarische Besonderheit ist der ebenfalls in Essig und Öl eingelegte Ochsenmaulsalat; er bildet zusammen mit Stadtwurst, Presssack und Eierscheiben die Grundlage für ein »Nürnberger Gwerch«.

Von Anfang Mai bis zum 24. Juni (Johannistag) schlagen die Herzen der Feinschmecker höher, denn dann ist **Spargelzeit**. Die Bauern aus dem Nürnberger Knoblauchsland gehen bereits in den frühen Morgenstunden zum Spargelstechen aufs Feld, damit das Edelgemüse nur wenige Stunden später zum Verkauf auf den Märkten angeboten werden kann. Zubereitet wird der Spargel entweder pur mit zerlassener Butter, mit Schinken oder als Beilage zu einem Fleischgericht. Ganz vorzüglich munden natürlich auch ein herzhafter Spargelsalat oder eine Spargelcremesuppe.

Zum Essen wird gelegentlich fränkischer Wein, traditionell aber mehr Bier getrunken, wobei man sich nach einer Gaststätte umsehen sollte, die von der lokalen Großbrauerei unabhängig ist. Gaststätten ohne Brauereibindung schenken meist verschiedene Biersorten aus, die oft aus den Privatbrauereien in der Fränkischen Schweiz kommen und wesentlich süffiger und geschmackvoller sind.

Restaurants ●●●●

Wonka ⇢ S. 113, D 3

Unweit des Johannisfriedhofs gelegen, gehört das Restaurant von Christian Wonka seit Jahren zu den lokalen Feinschmeckertempeln. Doch keine Sorge: Die Atmosphäre ist keineswegs steif, sondern so ungezwungen und lässig wie der zuvorkommende Service. Auf der Karte stehen teilwei-

MERIAN-Tipp

2 Essigbrätlein

Das Essigbrätlein gehört nicht nur zu den ältesten Gasthäusern Nürnbergs, es ist mit Abstand auch das beste (zwei Michelin-Sterne!). Was Andree Köthe und Yves Ollech in dem schmalen Altstadthäuschen auf den Tisch zaubern, grenzt an ein wahres Wunder. Wenn sich die Gourmetküche andernorts oft vor allem durch die Verwendung exklusiver Zutaten wie Hummer oder Gänsestopfleber auszeichnet, beweisen die beiden Köche mit ihrer einzigartigen Gewürzküche, dass man auch mit einfachen Produkten wie Pollack oder Kaninchen die Geschmacksnerven zum Jubilieren bringen kann. Kombiniert beispielsweise mit einem Birnen-Kapern-Chutney oder karamellisierten Senfsamen werden hierbei faszinierende Geschmackseffekte erzielt, die es auch erlauben, beim Zwischengang mit scheinbar einfachen Gerichten wie Bohnen mit Tomatenkernen oder Rote Bete zu überraschen. Als krönender Abschluss werden dann noch verschiedene Variationen selbst gemachter Schokolade gereicht. Da die Platzkapazität im Essigbrätlein recht begrenzt ist, empfiehlt sich eine rechtzeitige Reservierung.

Am Weinmarkt 3; Bus 36: Hauptmarkt; Tel. 22 51 31; Di–Fr 12–14 und 19–22, Sa 19–22 Uhr ●●●● → S. 113, E 3

se recht ungewöhnliche Kreationen wie ein Rochen auf Balsamicolinsen, der mit Blutwurst kombiniert wird. Aber auch asiatische Rezepturen machen den Restaurantbesuch zu einem besonderen Gaumenerlebnis. Zum Nachtisch darf es dann auch mal eine Bayerische Creme sein.

Johannisstr. 38; Straßenbahnlinie 6: Hallestraße; Tel. 39 62 15; Mo–Fr 12–14 und 18.30–21.30, Sa 18.30–21.30 Uhr (2 Wochen im Aug. Betriebsferien) ●●●●

RESTAURANTS ●●●

Da Claudio → S. 113, E 3

Nürnbergs Edelitaliener begeistert durch anspruchsvolle Gourmetküche – einen Pizzaofen wird man hier vergeblich suchen. Serviert werden vorzüglich abgestimmte Nudelgerichte wie »fusilli di avellino« mit Seeteufel und grünem Spargel oder aber eine Kalbsleber mit gedünstetem Mangold. Empfehlenswert sind auch das Vorspeisenbuffet sowie die Weinkarte, die alle italienischen Regionen abdeckt. Weiteres Plus: helle, moderne Räumlichkeiten und eine Straßenterrasse.

Hauptmarkt 16; Bus 46, 47: Heilig-Geist-Spital; Tel. 20 47 52; www.daclaudio.de; Mo 18–1, Di–Sa 12–1 Uhr ●●●

Gasthaus Rottner → S. 116, westl. A 9

Dieser fränkische Gasthof, der einem Bilderbuch entsprungen sein könnte, liegt im Nürnberger Vorort Gebersdorf. Chefkoch Stefan Rottner präsentiert eine veredelte fränkische Regionalküche und versteht sich vorzüglich auf Wild und Geflügel. Dazu gibt es eine abwechslungsreiche Weinkarte und Dessertklassiker wie den hausgemachten Rumtopf mit Vanille-Gewürz-Eis. Schöner Restaurantgarten.

Winterstr. 15; Bus 69: Großreuth/Schweinau; Tel. 61 20 32; www.rottner-hotel.de; tgl. 12–14 und 18.30–21.30 Uhr, Nov.–März Sa Mittag und So geschl. ●●●

Ishihara → S. 113, E 4

Gehobene japanische Küche jenseits von Sushi und Co. Die Köstlichkeiten werden direkt vor den Gästen an den Teppanyaki-Tischen auf einer heißen Stahlplatte zubereitet. Fleisch und Zutaten überzeugen durch ihre besondere Qualität.

Schottengasse 3; U-Bahn 1: Weißer Turm; Tel. 22 63 95; www.ishihara.de; Mo–Sa 12–14.30 und 18–22 Uhr ●●●

Koch und Kellner → S. 112, C 4

Mitten im Szeneviertel Gostenhof wird hier kreative Kochkunst auf hohem Niveau geboten, etwa bei einer

Lasagne aus Kalbskopf, Kohlrabi und Trüffel. Die Liebe zur regionalen Küche zeigt sich beim Hohenloher Lamm oder (Bio-)Rind. Zum Nachtisch empfiehlt sich ein Rohmilchkäseteller. Ausgezeichnete Weinkarte.
Obere Seitenstr. 4; U-Bahn 1; Gostenhof; Tel. 26 61 66; www.kochundkellner.de; Mo–Sa 12–14 und 18.30–24 Uhr ●●●

Würzhaus → S. S. 113, E 2
Wie der Name andeutet, versteht sich die junge ambitionierte Köchin Diana Burkel auf eine Gewürzküche, die die Nähe zu ihrem Lehrmeister Andree Köthe nicht verleugnet. Als Vorspeise überraschen beispielsweise zweierlei Hering auf Melone und Gurke. Die Mandelravioli werden mit Roter Bete verfeinert, während der Wels mit Dill und Spitzkohl kombiniert wird. Den süßen Abschluss bildet ein ungewöhnlicher Schokoladenkuchen. Ansprechend ist auch der Gastraum, ohne modischen Schnickschnack, und der Service zeigt sich so gekonnt wie umsichtig. Preisgünstiger Mittagstisch!
Kirchenweg 3 a; Straßenbahnlinie 4 und 9: Friedrich-Ebert-Platz; Tel. 9 37 34 55; www.wuerzhaus.info; Di–Fr 11.30–14, Mo–Sa ab 18 Uhr ●●●

RESTAURANTS ●●

Etage → S. S. 113, D 3
Über die Frage, welches das beste thailändische Restaurant der Stadt ist, lässt sich sicher streiten, doch dieses Lokal kann neben absolut frisch zubereiteten Speisen noch einen weiteren Pluspunkt verbuchen, befindet es sich doch direkt an der Pegnitz in den Räumen einer ehemaligen Getreidemühle.
Großweidenmühlstr. 9; Straßenbahnlinie 6: Hallerstraße; Tel. 33 30 02; tgl. 18–24 Uhr ●●

Heilig-Geist-Spital → S. 113, E 3
Fränkische Spezialitäten in historischem Ambiente. Allerdings wird der große Speisesaal oft von Busgesellschaften frequentiert.
Spitalgasse 16; Bus 46/47: Heilig-Geist-Spital; Tel. 22 17 61; www.heilig-geist-spital.de; tgl. 11.30–24 Uhr ●●

Kettensteg → S. 113, E 3
Am Ufer der Pegnitz, direkt hinter der Stadtmauer, wird in der gemütlichen Gaststätte Kettensteg viel Wert auf bürgerliche Küche gelegt. So kommt beispielsweise der Fränkische Sauerbraten mit Lebkuchensoße auf den

Ein Besuch im japanischen Restaurant Ishihara ist ein Erlebnis für sich. Direkt vor den Augen der Gäste werden erstklassige Teppanyaki zubereitet.

Der schlichte rustikale Stil und die liebevolle Dekoration schaffen im Gasthaus Pegnitztal eine angenehme Atmosphäre.

Tisch. Wer will, kann in dem schattigen Biergarten aber auch nur einfach seinen Durst löschen.

Maxplatz 35; Straßenbahnlinie 4, 6: Hallertor; Tel. 22 10 81; www.sudhausnuernberg.de/kettensteg; tgl. 11–24 Uhr ●●

Klara ···> S. 113, F 4

Wie es sich für ein Restaurant geziemt, das zum Neuen Museum gehört, so präsentiert sich das Klara in sachlich-unterkühltem Design. Im Sommer begeistert die große Straßenterrasse vor der Glasfassade des postmodernen Museumsbaus. Die Küche ist mediterran mit asiatischen wie auch regionalen Einschlägen.

Luitpoldstr. 3 (Klarissenplatz); U-Bahn Hauptbahnhof; Tel. 2 40 38 38; www.klara-restauration.de; Di–Sa 11–18 Uhr ●●

Lorenz ···> S. 113, F 4

Direkt hinter dem Chor der Lorenzkirche gelegen, bietet das Restaurant anspruchsvolle internationale Küche, darunter viele Bio-Gerichte. Gefällig ist auch das moderne, leicht unterkühlte Ambiente. Zu loben sind insbesondere die Salatauswahl sowie das sonntägliche Frühstücksbuffet. Auf der schönen großen Straßenterrasse kann man auch bloß einen Kaffee trinken und in der Sonne sitzen.

Lorenzer Platz 23; U-Bahn 1: Lorenzkirche; Tel. 2 05 93 90; www.restaurant-lorenz.de; Mo–Sa 8.30–1, So 9.30–18.30 Uhr ●●

Pegnitztal ···> S. 113, D 3

Internationale Küche mit regionalem Schwerpunkt. Die fränkischen Klassiker wie »Backers« und »Schäufele« fehlen ebenfalls nicht auf der Karte. Sonntags Brunch, netter Garten.

Deutschherrenstr. 1; Bus 34: Deutschherrenstraße; Tel. 26 44 44; www.gasthaus-pegnitztal.de; Mo–Fr 11.30–15 und 17.30–23, Sa 17.30–23, So 10.30–23 Uhr ●●

Refugium ···> S. 113, D 2

In dem wunderschönen Ambiente eines Jugendstilhauses wird anspruchsvolle fränkische Küche mit mediterra-

nem Einschlag serviert. Bei dem dreigängigen Menü hat der Gast die Möglichkeit, Alternativen zu kombinieren, und das zu einem ausgezeichneten Preis-Leistungs-Verhältnis.
Rieterstr. 15; Straßenbahnlinie 4 und 9: Friedrich-Ebert-Platz; www.refugium-nuernberg.de; Tel. 92 91 99 61; tgl. 12–14.30 und 18–24, Sa, So erst ab 18 Uhr ●●

Sushi Glas ···> S. 113, E 4
Egal, ob »Nigiri«, »Hoso Maki« oder »Sashimi« – für Sushi-Liebhaber ist dieses Restaurant das Nonplusultra. Es präsentiert sich angenehm puristisch, die offene Küche steht mitten im Gastraum, und unter die Gäste mischt sich viel Szene-Publikum. Große Straßenterrasse.
Kornmarkt 5–7; U-Bahn 2: Opernhaus; Tel. 2 05 99 01; www.sushi-glas.de; Mo–Mi 12–23, Do–Sa 12–24, So 18–22 Uhr ●●

Vineria ···> S. 113, E 1
Wie der Name schon andeutet, hat sich dieses in einer ehemaligen Möbelfabrik untergebrachte Lokal dem gehobenen Weingenuss verschrieben. Das Restaurant wie die Weinbar ziehen ein gemischtes Publikum an, und auch der Immobilienmakler im geleasten Porsche darf hier nicht fehlen. Wechselnde Events, Terrasse.
Kleinreuther Weg 87; Straßenbahnlinie 4 und 9: Bucher Straße/Nordring; Tel. 3 00 19 50; www.vineria.de; Mo–Fr 17–1, Sa 17–2, So 17–23 Uhr ●●

Weinhaus Steichele ···> S. 113, E 4
Diese Gaststätte ist eine Nürnberger Institution und wird bereits in der fünften Generation von der Familie Steichele geführt. Im Speisesaal werden vor allem fränkische Klassiker mit saisonalen Variationen serviert. Das Weinhaus strahlt eine gewisse Patina aus, allerdings ist das Weinangebot eher mittelprächtig.
Knorrstr. 2–8; U-Bahn 1: Weißer Turm; Tel. 20 22 80; www.steichele.de; Mo–Sa 11–24, So 11–15 Uhr ●●

Zum Spießgesellen ···> S. 113, E 4
Moderne Erlebnisgastronomie in den komplett renovierten Ratsstuben. Beliebt sind die verschiedenen Fleischspieße – je nach Hunger zwischen einem »Fuß« und einer »Elle« lang.
Rathausplatz 4; Bus 36: Hauptmarkt; Tel. 23 55 55 25; www.spiessgeselle.de; tgl. 10–24 Uhr ●●

Restaurants ●

A Tavola ···> S. 113, F 3
Schnelle italienische Bistroküche zu einem ausgezeichneten Preis-Leistungs-Verhältnis. Riesige Pasta-Auswahl. Und selbst der Oberbürgermeister kommt hier mittags gelegentlich aus dem nahen Rathaus vorbei.
Theresienplatz 7; Bus 36: Egidienplatz; Tel. 33 76 87; Mo–Sa 11–22 Uhr ●

Bratwurstglöcklein ···> S. 113, F 4
1313 urkundlich erstmals erwähnt, gilt dieses Lokal als älteste Bratwurstküche Nürnbergs. Das einstige Gasthaus wurde zerstört, doch lebt der Name in dieser Gaststätte im Handwerkerhof weiter. Selbstverständlich gibt es auch Saure Zipfel im Weinsud.
Waffenhof 5; U-Bahn: Hauptbahnhof; Tel. 22 76 25; tgl. 10–22 Uhr, Jan.–Mitte März Betriebsferien ●

Bratwursthäusle ···> S. 113, E 3
Die bekannteste Adresse für Bratwurstliebhaber. Selbst die lokale Prominenz aus dem gegenüberliegenden Rathaus erfreut sich an 6, 8, 10 oder 12 Nürnberger Rostbratwürsten, die auf Buchenholzscheiten gegrillt werden. Große Terrasse.
Rathausplatz 1; Bus 36: Hauptmarkt; Tel. 22 76 95; www.die-nuernberger-bratwurst.de; Mo–Sa 10–22 Uhr ●

Tucherhof ···> S. 113, nordöstl. D 1
Die traditionsreiche Gastwirtschaft am Marienbergpark ist seit dem Pächterwechsel wieder eine preisgünstige wie auch ansprechende Adresse. Zwar dominiert die regionale Küche auf der wechselnden Tageskarte, doch findet

man auch thailändische Gerichte. Alles wird frisch zubereitet, daher wird das Krustenschäufele nur unter der Woche auf Vorbestellung serviert! Zum Abschluss werden leckere Hausbrand-Schnäpse angeboten. Im zugehörigen Biergarten gibt es einen Selbstbedienungsbereich sowie einen großzügigen Spielplatz.

Marienbergstr. 110; Bus 22: Tucherhof; Tel. 5 20 97 77; www.tucherhof.de; Mo–Fr 11.30–14.30 und 17.30–23, Sa ab 17, So 11.30–20 Uhr ●

MERIAN-Tipp

3 Café Neef

Die Confiserie von Karl Neef ist ein Paradies für Schleckermäuler: Ganz wunderbar sind die nach traditionellen Rezepten gebackenen Kuchen oder die eigenen Tortenkreationen. Vor allem die riesigen Obstkuchen sind in der ganzen Stadt bekannt.

Winklerstr. 29; Bus 36: Hauptmarkt; Tel. 22 51 79; www.confiserie-neef.de; Mo–Fr 8.30–18, Sa 8.30–17 Uhr

→ S. 113, E 3

Cafés

Glückswinkel

→ S. 115, F 5

Das in einer Sackgasse in Erlenstegen gelegene Café liegt ein wenig abseits, fast wie ein Ausflugscafé. Bei dem großen Angebot an leckeren Kuchen hat man die Qual der Wahl. Schöne Terrasse hinter dem Haus.

Zapfengasse 9; Straßenbahnlinie 8: Erlenstegen; Tel. 59 14 68; Mo–Fr 9–18, Sa 12–18, So 13–18 Uhr

Wanderer

→ S. 113, E 3

Die Café-Bar beim Dürer-Haus ist ein beliebter Treffpunkt, den auch die Einheimischen zu schätzen wissen. In dem denkmalgeschützten Fuhrmannstübchen herrscht zwar akute Raumnot, doch das Puppenstubenflair und die großzügige Terrasse vor dem Haus besitzen eine geradezu magische Anziehungskraft.

Beim Tiergärtnertor 2–6; Straßenbahnlinie 4: Tiergärtnertor; Tel. 3 66 63 34; www.cafe-wanderer.de; Di, Mi 10.30–18.30, Do–Sa 10.30–22.30, So 12.30–18.30 Uhr, im Sommer länger (variabel)

Im Café Wanderer gibt es angeblich den besten Espresso der Stadt. Die Tische im Freien sind beliebt – lässt sich doch von hier das Treiben am Tiergärtnertorplatz beobachten.

Einkaufen

Auch jenseits von Lebkuchen ist Nürnberg die unumstrittene Shoppingmetropole Frankens.

Am Hauptmarkt (→ S. 28) – hier die Ostseite vor der Frauenkirche – führt in Nürnberg kein Weg vorbei. Von Montag bis Samstag lockt das bunte Angebot des Wochenmarkts. Auch frische Schnittblumen sind hier in großer Auswahl erhältlich.

Als Handelsstadt kann Nürnberg auf eine lange Tradition zurückblicken. Bereits im Mittelalter bestand ein reger Warenverkehr mit Frankfurt, Prag und Venedig. Schon damals war die südlich der Pegnitz gelegene Lorenzer Altstadt das Viertel der Kaufleute. Und noch heute finden sich hier die großen Warenhäuser und belebten Einkaufsstraßen, die allesamt verkehrsberuhigt sind.

Die **Karolinenstraße**, die sich von der Lorenzkirche bis zum Weißen Turm erstreckt, ist gewissermaßen die Hauptschlagader der Fußgängerzone. Hier reihen sich die Filialen der bekannten Bekleidungsketten (Zara, Esprit, H&M, Anson's etc.) aneinander, aber auch große Modehäuser und eine Karstadt-Filiale sind hier vertreten. In der **Kaiserstraße** haben sich Nobelboutiquen wie Escada, René Lezard und Louis Vuitton niedergelassen, während sich in der **Breiten Gasse** eher preisgünstige Geschäfte und Boutiquen angesiedelt haben, die auf jüngere Käuferschichten ausgerichtet sind.

Am Rande der Fußgängerzone mit einem Zugang zur Breiten Gasse befindet sich der **City-Point**, ein Einkaufszentrum mit zahlreichen Filialgeschäften auf fünf Etagen. In der Sebalder Altstadt kann man hingegen eher in kleinen Einzelhandelsgeschäften stöbern, die häufig noch einen individuellen Touch verströmen.

Neben den **Bratwürsten**, die man am besten in einer Bratwurstküche vor Ort verzehren sollte, sind die **Lebkuchen** das kulinarische Markenzeichen der Frankenmetropole. Zwar kann man die süßen Köstlichkeiten das ganze Jahr über kaufen, doch beschränkt sich die eigentliche Lebkuchensaison auf die Zeit von Oktober bis Dezember. Ein geradezu ideales Mitbringsel! Wer sich durch verschiedene Lebkuchensorten durchprobiert, wird schnell bemerken, dass zwischen einem Lebkuchen aus industrieller Massenproduktion und einem in einem Handwerksbetrieb hergestellten Exemplar ganze Geschmackswelten liegen. Auch in puncto Größe und Gewicht unterscheiden sie sich teilweise erheblich. Der Teig wird auf Oblaten gelegt und besteht aus Nüssen, Honig, Zucker, Eiern, Marzipan und zahlreichen Gewürzen. Es gibt drei klassische Varianten: Natur, Zuckerguss oder Schokoladenkuvertüre. Die besten und teuersten Lebkuchen sind die Elisenlebkuchen, die zu einem Viertel aus Mandeln und Haselnüssen bestehen und deren Mehlanteil unter zehn Prozent liegen muss, wobei die kleinen Lebküchnereien oft gänzlich auf Mehl verzichten und den Nussanteil dafür auf über ein Drittel erhöhen (→ MERIAN-Tipp, S. 27).

Öffnungszeiten: Die Geschäfte in den Fußgängerzonen haben bis auf wenige Ausnahmen an allen Werktagen von 10 bis 20 Uhr geöffnet. Einige kleinere Läden und Boutiquen öffnen erst um 11 Uhr die Türen und schließen bereits um 19 Uhr. Zudem sind von städtischer Seite drei verkaufsoffene Sonntage im Jahr erlaubt.

Antiquariate

Antiquariat Deuerlein → S. 113, F 4

Im Antiquariat von Tom Deuerlein kann man nicht nur nach alten Büchern stöbern, sondern auch einen perfekten Espresso genießen.

Lorenzer Str. 33; Straßenbahn: Marientor; www.deuerlein.com

Grauer'sche Antiquariatsbuchhandlung → S. 113, F 4

Hier besticht das breite Angebot zu Geschichte und Regionalliteratur.

Vordere Sterngasse 11; U-Bahn: Hauptbahnhof; www.grauer-antiquariat.de

Backwaren

Bäckerei Grießinger → S. 117, F 9

Die Bamberger Hörnchen von Günter Grießinger in der Nürnberger Südstadt genießen geradezu Kultstatus.

Wirthstr. 52; Straßenbahnlinie 6: Hummelsteiner Weg

Brezen Kolb S. 113, E 4
Es gibt in Nürnberg keine besseren Laugenbrezen – auf Wunsch auch mit Butter und Käse. Mehrere Verkaufsstände in der Stadt, so auch ganz zentral vor der Lorenzkirche.
Karolinenstraße; U-Bahn 1: Weißer Turm; www.brezen-kolb.de

ebl Naturkost S. 113, E 2
Lokale Naturkostkette mit einer eigenen, nach Demeter-Richtlinien arbeitenden Metzgerei. Von den rund ein Dutzend Bio-Fachmärkten im Großraum Nürnberg befindet sich auch eine in der Nordstadt.
Kaulbachstr. 5; Straßenbahnlinie 9: Krelingstraße; www.ebl-naturkost.de

Hofpfisterei S. 113, E 3
Feinste Ökobackwaren und Brot aus Natursauerteig. Mehrere Filialen in der Stadt.
Hauptmarkt 10; Bus 36: Hauptmarkt; www.hofpfisterei.de

Koberger Markt S. 113, E/F 2
Der Markt für Bio-Produkte auf dem Koberger Platz wird jeden Freitag von 8 bis 17 Uhr abgehalten.
Koberger Platz; Straßenbahn: Krelingstraße

Lotus Naturkostladen S. 113, E 3
Das Geschäft ist seit mehr als 25 Jahren auf Ökokost spezialisiert. Mittags werden auch warme Gerichte serviert.
Unschlittplatz 1; U-Bahn 1: Weißer Turm; www.naturkostladen-lotos.de

Bier

Landbierparadies S. 117, F 9
Das Landbierparadies hält ständig Biere von rund 50 kleineren Brauereien (auch Bio!) aus der Umgebung auf Lager. Egal, ob Vollbier, Märzen, Keller- oder Rauchbier – wer will, mischt sich seinen eigenen Kasten. Für besondere Anlässe kann man auch Fässer bis zu 150 l ordern. Mit anderen Worten: ein Muss für jeden Bierliebhaber! Zudem sind Obstbrände aus der Fränkischen Schweiz im Angebot.
Galgenhofstr. 60; U-Bahn 1 und 2: Hauptbahnhof; www.landbierparadies.com

Bio

Der Biokäseladen S. 113, D 2
Sowohl die Auswahl als auch die Präsentation sind ein Gedicht!
Hallerstr. 31; Bus 34: Klinikum Nord

Handgefertigte Elisenlebkuchen (→ MERIAN-Tipp, S. 27) gelten als Nürnberger Spezialität schlechthin – und schmecken nicht nur zur Weihnachtszeit hervorragend.

Blumen

Manuela Hiller → S. 113, E 3
Hier findet man sehr kreative Blumensträuße und Dekogestecke.
Winklerstr. 24; Bus 36: Hauptmarkt

Buchhandlungen

Campe (Thalia) → S. 113, E 4
Der größte Nürnberger Buchtempel. Auf vier Etagen verteilt wird ein breites Sortiment präsentiert, zudem gibt es einladende Leseecken und ein Café.
Karolinenstr. 13; U-Bahn 1: Weißer Turm; www.thalia.de

Emil Jakob → S. 113, E 4
Traditionsreiche Buchhandlung in einem verwinkelten Haus mit hervorragendem Sortiment.
Hefnersplatz 8; U-Bahn 1: Weißer Turm

Hugendubel → S. 113, E 4
In der Filiale der Buchhandelskette gibt es Bücher, Hörbücher und Software.
Ludwigsplatz 1; U-Bahn 1: Weißer Turm; www.hugendubel.de

Rupprecht → S. 113, E 4
Buchhandelsfilialist im City-Point.
Breite Gasse 5; U-Bahn 1: Lorenzkirche; www.rupprecht.de

Ultra Comix → S. 113, E 4
Der ultimative Comicladen auf drei Etagen. Egal, ob deutsch oder international: Hier fehlt kein Comic-Held.
Vordere Sterngasse 2; U-Bahn 1 und 2: Hauptbahnhof; www.ultra-comix.de

Walther König → S. 113, F 4
Die Buchhandlung im Neuen Museum hat sich auf Kunst, Architektur und Fotografie spezialisiert.
Luitpoldstr. 5; U-Bahn: Hauptbahnhof; www.buchhandlung-walther-koenig.de

Feinkost

Feinkost Nikolaus Schwarz → S. 113, E 3
Nur einen Steinwurf vom Hauptmarkt entfernt gibt es eine Auswahl von rund 30 verschiedenen Sorten fränkischen Landbrots, dazu ausgewählte Wurstspezialitäten.
Winklerstr. 10; Bus 36: Hauptmarkt

MERIAN-Tipp

4 Elisenlebkuchen

Die meisten Ortsfremden kennen nur die Markennamen großer Lebkuchenfabriken, aber glücklicherweise gibt es noch einige kleine Lebküchnereien, deren Produkte den industriell hergestellten geschmacklich deutlich überlegen sind. Gute Adressen:

Bäckerei Düll (Burg Bäckerei); Bergstr. 23; Straßenbahnlinie 4: Tiergärtnertor; www.lebkuchen-nuernberg.com → S. 113, E 3

Eckstein; Maxfeldstr. 69; Straßenbahnlinie 9: Wurzelbauerstraße; www.lebkuchen-eckstein.de → S. 114, A 6

Fraunholz; Wilhelm-Marx-Str. 8; Straßenbahnlinie 6: Brückenstraße; www.fraunholz-lebkuchen.de → S. 112, C 3

Woitinek; Peter-Henlein-Straße 1 und 7; Straßenbahnlinie 6: Heynestraße; www.woitinek.de → S. 117, E 9

Il Nuraghe → S. 113, F 3
Italienische Feinkost in der Sebalder Altstadt. Viele Bio-Produkte.
Theresienplatz 7; Bus 36: Egidienplatz; www.ilnuraghe.com

Perfetto → S. 113, E 4
Die Lebensmittelabteilung im Karstadt-Untergeschoss ist das Maß aller Dinge: umfassendes Angebot, perfekte Qualität. Direktverzehr an der Austern- bzw. Asiabar oder am Steak-Point.
Königstr. 14; U-Bahn 1: Lorenzkirche

Fisch und Fleisch

Fisch & Meer → S. 113, F 4
Im Fischgeschäft von Bernd Schels kaufen auch die lokalen Spitzenköche und Freizeitgourmets ein.
Blumenstr. 9 a; Straßenbahnlinie 5: Marientor; www.fischundmeer.de

Metzgerei Wolf S. 113, E 2
Eine Metzgerei mit über 100-jähriger Familientradition. Perfekte Qualität, zuvorkommende Bedienung. Ein Gedicht ist der selbst gemachte Obatzde.
Bucherstr. 14; Straßenbahn: Tiergärtnertor; www.gourmetmetzgerei-wolf.de

Italienische Spezialitäten

Mercato Di Dio S. 113, D 1
Dieser riesige italienische Supermarkt führt die tollsten frischen Mozzarella der gesamten Stadt. Angegliedert ist ein Schnellrestaurant.
Pretzfelder Str. 5; Straßenbahnlinie 4 und 9: Thon

Käse

Käse Langer S. 118, A/B 14
Das mit Abstand beste Käsegeschäft in ganz Nürnberg. Rohmilchkäse aus Frankreich sowie ein breites Angebot an Ziegen- und Schafskäsesorten. Und alles wird im eigenen Keller auf den Punkt gereift!
Allersberger Str. 185 (im Nürbanum); Straßenbahnlinie 7: Bayernstraße; www.kaese-langer.de

Kaufhäuser

Karstadt S. 113, E 3
Das größte Warenhaus der Stadt bietet direkt neben der Lorenzkirche ein breites Angebot an Mode, Sport, Haushaltswaren und Lebensmitteln bis hin zu Elektrotechnik.
Königstr. 14; U-Bahn 1: Lorenzkirche

Galeria Kaufhof S. 113, E 4
In unmittelbarer Nachbarschaft mit vergleichbarem Angebot.
Königstr. 42–52; U-Bahn 1: Lorenzkirche

Kräuter

Wurzelsepp S. 113, E 3
Im Laden sind viele erlesene Teesorten, Kräuter und Gewürze erhältlich.
Hauptmarkt 1; Bus 36: Hauptmarkt; www.wurzelsepp-nuernberg.de

Märkte

Hauptmarkt S. 113, E 3
Der grüne Markt vor der Frauenkirche besitzt nicht nur eine tolle Kulisse, er bietet auch frisches Obst und Gemüse aus der Region. Besonders beliebt ist der Spargel aus dem Knoblauchsland. Der Markt findet ganzjährig statt. Während des Christkindlesmarktes sowie des Herbst- und Ostermarktes befinden sich die Marktstände zwischen Hauptmarkt und Lorenzkirche.
Wochenmarkt Mo–Sa 7–20 Uhr

Mode

Breuninger S. 113, E 4
Großes Modekaufhaus mit erstklassigem Sortiment.
Karolinenstr. 34; U-Bahn 1: Lorenzkirche; www.breuninger.com

Crämer & Co S. 113, E 4
Ein Jeans-Paradies verteilt auf vier Etagen, auch mit Nobelmarken.
Breite Gasse 18; U-Bahn: Lorenzkirche

KOOP – Konsum Kooperative S. 112, C 4
Nicht alltägliche Secondhand-Mode im Stadtteil Gostenhof.
Volprechtstr. 7; U-Bahn 1: Bärenschanze

Markus Hürner S. 112, C 4
Extravagante Mode und Taschen.
Willstr. 8; U-Bahn: Bärenschanze; www.markus-huerner.de

MERIAN-Tipp

5 Trempelmarkt

Einer der schönsten Trödelmärkte Deutschlands. Zweimal im Jahr (Mai und September) sind viele Straßen und Plätze der Nürnberger Altstadt von Freitagnachmittag bis Samstagmittag überfüllt mit den Besuchern des Trempelmarktes. Das Angebot reicht von diversen Antiquitäten über Klamotten, Bücher, Schallplatten bis hin zu anderen »Schätzen« aus Großmutters Keller …

Altstadt S. 113, E 3/4

Puma S. 114, nordöstl. B 5
Herzogenaurach ist zwar nah, aber auch in Nürnberg gibt es ein Factory-Outlet von Puma. Sportartikel und Lifestyle-Mode zu günstigen Preisen.
Klingenhofstr. 70; Bus 22: Klingenhofstraße

U1 Concept Store S. 113, E 4
Im Untergeschoss des Wöhrl befindet sich dieser hypermoderne Store mit Trendmode, Schuhen und diversen Accessoires. Mit Live-DJs und Sushibar wird das Einkaufen zum Erlebnis.
Ludwigsplatz 12–24; U-Bahn 1: Weißer Turm; www.u1-fashion.de

Wöhrl S. 113, E 4
Das Stammhaus der bundesweiten Modekette, getrennt nach Männer- und Damenhaus. Umfangreiche Markenauswahl. Große Sportabteilung.
Ludwigsplatz 12–24; U-Bahn 1: Weißer Turm; www.woehrl.de

Schmuck

Monsun S. 113, E 3
Silberschmuck nicht nur aus Asien in großer Auswahl.
Trödelmarkt 34; U-Bahn 1: Weißer Turm

Schokolade

Chocolat S. 113, E 4
Schokoladenträume in vielerlei Variationen von ausgesuchten Herstellern (Zotter, Domori, Amedei etc.). Im Ausschank: diverse Trinkschokoladen.
Josephplatz 26/28 (Eingang Hutergasse); U-Bahn 1: Weißer Turm; www.chocolatnuernberg.de

Wein

Karl Kerler S. 114, A 5
Hervorragend sortierte Vinothek mit einer Vielzahl an erlesenen Tropfen aus Deutschland, Österreich, Italien, Frankreich und Spanien.
Braillestr 20; Bus 46: Großreuth h.d.V.; www.karlkerler.de; Di–Fr 14.30–19, Sa 10–15 Uhr

K & U S. 114, nordöstl. B 5
1982 gegründet, gehört die Weinhandlung von Martin Kössler zu den renommiertesten in Deutschland. Neben heimischen Produkten gibt es vor allem Direktimporte aus Frankreich, Italien, Spanien und Kalifornien.
Nordostpark 78; Bus 22: Nordostpark; www.weinhalle.de; Do-Fr 10–18.30, Sa 10–14 Uhr

Im »Chocolat« steht die Schokolade eindeutig im Mittelpunkt: Von handgeschöpften Schokoladen bis hin zu Chili- und Pfefferpralinen bleiben keine Wünsche offen.

Am Abend

Bars, Clubs, das Staatstheater und das CINECITTÀ mit IMAX buhlen um Nürnbergs Nachtschwärmer.

Die bequemen Ledersessel in der Lounge des Bäckerhofs (→ MERIAN-Tipp, S. 33) laden zu gemütlichen Abenden bei ausgezeichneten Cocktails ein. Im Restaurantbereich nebenan wird asiatische Küche serviert.

Egal, ob Jazz, Kleinkunst oder engagiertes Jugendtheater: Nürnberg bietet für jeden Geschmack etwas. Das vielfältige Kulturprogramm reicht von einem riesigen Multiplexkino samt IMAX bis zur hohen Schauspielkunst und einem nicht nur optisch eindrucksvollen Opernhaus im Jugendstil. Wer mehr in Partylaune ist, findet in der Sebalder Altstadt zwischen Hauptmarkt und Kaiserburg zahlreiche Kneipen und Bars jeglicher Couleur, wobei sich in der Weißgerbergasse am Wochenende vor allem das jüngere Publikum trifft. Jenseits des Zentrums gehören die Stadtteile Johannis, Gostenhof sowie die Nordstadt zu jenen Vierteln mit einer hohen Kneipendichte und Szenetouch.

Informationen zu Veranstaltungen und Konzerten finden sich in der Lokalpresse sowie in den kostenlos ausliegenden Magazinen »Doppelpunkt« (www.doppelpunkt.de) und »curt« (www.curt.de).

Bars

Bar Europa
→ S. 113, F 3

Die Bar im Krakauer Haus ist bekannt für ihre guten Cocktails und lässige Lounge-Musik.

Hintere Insel Schütt 34; U-Bahn 2: Wöhrder Wiese; www.bar-europa.de; Di–Do 19–2, Fr–So 19–3 Uhr

Gelbes Haus
→ S. 112, C 4

In der Bar mit Hotellounge-Flair gibt es seit Jahren die besten Cocktails der Stadt. Breite Whisky-Palette (Malt, Scotch, Bourbon, Canadian, Rye etc.).

Troststr. 10; U-Bahn 1: Gostenhof; www.gelbes-haus.de; tgl. 20–1, Fr, Sa bis 3 Uhr

Zwingerbar
→ S. 113, F 4

Coole Location am Rand der Altstadt. Wechselnde Themen von Nouvelle Chanson Française bis zu Punk- und House-Musik.

Lorenzer Str. 33; Straßenbahnlinie 5: Marientor; www.zwingerbar.de; tgl. 20–2, Fr, Sa bis 3 Uhr

Clubs und Diskotheken

Club Stereo
→ S. 113, E 4

Durchgestylter Musikclub mit breitem Spektrum von Sixties über Indie-Rock bis zu Hip-Hop und Downbeats. An manchen Abenden Livemusik.

Klaragasse 8; U-Bahn 1: Lorenzkirche; Tel. 2 11 04 55; www.club-stereo.net; Do 20–3r, Fr, Sa 20–4 Uhr

Loop
→ S. 114, nordöstl. B 5

Etwas außerhalb gelegen, dafür geht auf den drei Areas die Post ab. Wechselndes Programm: Alternativ, Gothic, Hip-Hop und Oldies.

Klingenhofstr. 52; Bus 22: Klingenhof; www.loopclub.de; Do–Sa 22–5 Uhr

Mach 1
→ S. 113, E 3

Unweit der Pegnitz gelegen, war das Mach 1 schon immer der Trendsetter unter den Nürnberger Diskotheken. Abgetanzt wird auf mehreren Areas.

Kaiserstr. 1–9; U-Bahn 1: Lorenzkirche; www.mach1-club.de; Do–So ab 22 Uhr

Stars & Stairs
→ S. 113, E 4

Chilliger Club auf drei Etagen am Rande des Rotlichtviertels.

MERIAN-Tipp

6 CINECITTÀ

Süddeutschlands größtes Multiplexkino liegt inmitten der Altstadt, ist aber vergleichsweise unscheinbar, da unter die Erde gebaut. Insgesamt gibt es 17 Kinosäle mit modernster Technik. Mehrere Bars, Cafés sowie Restaurants machen den Kinobesuch auch zu einem kulinarischen Erlebnis. Angegliedert ist das IMAX, dessen 1000 qm große Leinwand als die größte Deutschlands gilt. Von der Dachterrasse des Kinokomplexes hat man zudem einen traumhaften Blick auf die Nürnberger Kaiserburg.

Gewerbemuseumsplatz 3; U-Bahn 1: Lorenzkirche; Tel. 20 66 67; www.cinecitta.de
→ S. 113, F 4

Engelhardsgasse 33; U-Bahn 2: Opernhaus; Tel. 27 43 73 30; www.starsandstairs.de; Do–Sa 22–5 Uhr

Kinos

Admiral Filmpalast ···> S. 113, F 4
Das moderne Kinocenter verfügt über fünf Kinosäle.
Königstr. 9; U-Bahn 1: Lorenzkirche; Tel. 2 36 03 60; www.admiral-filmpalast.de

Meisengeige ···> S. 113, F 3
Kleines Programmkino mit Szeneflair.
Am Laufer Schlagturm 3; Bus 36: Innerer Laufer Platz; Tel. 20 47 24; www.meisengeige.de

Roxy-Filmtheater ···> S. 117, südl. F 12
Ambitioniertes Fremdsprachenkino; gezeigt werden hauptsächlich Filme in englischer, aber auch französischer Originalversion.
Julius-Lossmann-Str. 116; Straßenbahnlinie 8: Saarbrücker Straße; Tel. 4 88 40; www.roxy-nuernberg.de

Kneipen und Lokale

Enchilada ···> S. 113, F 3
Beliebte Tex-Mex-Kneipe mit berüchtigter Happy Hour (17–20 Uhr). Hoher Flirtfaktor.
Obstmarkt 10; Bus 46: Heilig-Geist-Spital; www.enchilada.de; tgl. 11–1, Fr, Sa bis 2 Uhr

Palais Schaumburg ···> S. 112, C 4
Kultkneipe im Viertel Gostenhof mit nettem Biergarten.
Kernstr. 46; U-Bahn 1: Gostenhof; www.palaisschaumburg.de; tgl. 11.30–1, Sa ab 14 Uhr

Zeit & Raum ···> S. 113, F 4
Egal, für welchen Anlass – diese interessante Mischung aus Kneipe, Bistro und Café garantiert eine gute Zeit.
Wespennest 2; U-Bahn 1: Lorenzkirche; www.zeiti.net; tgl. 9–2 Uhr

Bühnen, Konzerte, Musiklokale

Jazz Studio Nürnberg ···> S. 113, F 3
Seit 1954 bietet das in einem Kellergewölbe untergebrachte Jazz Studio Konzerte mit jungen Talenten sowie den Stars der Branche. Selbst Count Basie, Chet Baker, Chico Freeman, Tomasz Stanki und Albert Mangelsdorff spielten schon in den traditionsreichen Räumlichkeiten.
Paniersplatz 27–29; Bus 47: Maxtor; Tel. 22 43 84; www.jazzstudio.de; Fr, Sa ab 20 Uhr, Konzertbeginn um 21 Uhr

Ein Blickfang ist das 1905 errichtete Nürnberger Opernhaus. 2003 wurden Oper, Schauspiel und Kammerspiele zum Staatstheater Nürnberg ernannt.

MERIAN-Tipp

7 Bäckerhof

Die riesigen Räumlichkeiten der Nürnberger Bäckerinnung haben sich schon seit Jahren als Szenetreff etabliert. Im Erdgeschoss gibt es eine Brasserie sowie ein intimes »Wohnzimmer«, oben im mondänen Jugendstil-Ballsaal mit seinem imposanten Kronleuchter trennen Bücherregale den Bar- und Lounge-Betrieb vom Restaurant. Serviert werden Sushis und thailändische Gerichte.

Schlehengasse 2; U-Bahn 1: Weißer Turm; www.baeckerhof.de; Di–Sa 17–2 Uhr → S. 113, D 4

Meistersingerhalle → S. 118, B 13/14
Die am nördlichen Rand des Luitpoldhains gelegene Meistersingerhalle – ein Kultur- und Kongresszentrum der Stadt Nürnberg – besitzt zwei Veranstaltungssäle, in denen hauptsächlich klassische Konzerte stattfinden. Gelegentlich kommen auch Musicals und Popmusik auf die Bühne.
Münchener Str. 21; Straßenbahnlinie 6: Meistersingerhalle; Tel. 2 31 80 00; www.meistersingerhalle.nuernberg.de

Theater und Oper

Burgtheater → S. 113, E 3
Die beliebte Kleinkunstbühne in der Altstadt ist bekannt für ihr hervorragendes Kabarett- und Comedy-Programm. Im Spätherbst finden zudem die 14-tägigen »Kabarett-Tage« statt.
Füll 13; Straßenbahnlinie 4: Tiergärtnertor; Tel. 22 27 28; www.burgtheater.de

Gostner Hoftheater → S. 112, B 4
Das kleine Theater im Stadtteil Gostenhof spielt mit seinem eigenen Ensemble zeitgenössische Stücke und modern inszenierte Klassiker. Auch Gastspiele werden organisiert.
Austr. 70; U-Bahn 1: Bärenschanze; Tel. 26 63 83; www.gostner.de

Salz + Pfeffer → S. 113, D 4
Puppentheater im KaLi.
Frauentorgraben 73; U-Bahn 1 und 2: Plärrer; Tel. 22 43 88; www.theater-salz-und-pfeffer.de

Staatstheater Nürnberg → S. 113, E 4
Unter der Bezeichnung Staatstheater firmiert ein volles Dreispartenhaus im Jugendstilbau von 1905 mit Oper, Schauspiel und Ballett, wobei zum Schauspielhaus noch die Kammerspiele sowie die experimentelle Blue Box gehören. Pflichtprogramm für alle Nichtfranken ist Fitzgerald Kusz' »Schweig Bub!«, ein Klassiker in fränkischer Mundart aus dem Jahr 1976.
Richard-Wagner-Platz 2–10; U-Bahn 2: Opernhaus; Tel. 2 31 35 75, www.staatstheater-nuernberg.de; Kartenvorverkauf: Mo–Fr 9–18 , Sa 9–13 Uhr, Tel. 0 18 05/ 23 16 00

Tafelhalle → S. 114, C 6
Städtische Bühne mit Musik, Festivals und Gastspielen.
Äußere Sulzbacher Str. 60; Straßenbahnlinie 8: Tafelwerk; Tel. 2 31 40 00; www.tafelhalle.de

Theater Mummpitz → S. 116, C 9
Das Kindertheater wartet mit einem ambitionierten Programm auf.
Michael-Ende-Str. 17 (Kachelbau); U-Bahn 2: Rothenburger Straße; Tel. 60 00 50; www.theater-mummpitz.de

Theater Pfütze → S. 113, F 3
Mehrfach ausgezeichnetes Kindertheater mit eigenen Produktionen und schöner Spielstätte.
Äußerer Laufer Platz 22; U-Bahn 2: Rathenauplatz; Tel. 28 99 09; www.theater-pfuetze.de

Theater Rootslöffel → S. 112, C 3
Beliebtes Kindertheater im südwestlichen Stadtteil Gostenhof.
Troststr. 6 (Rückgebäude); U-Bahn 1: Bärenschanze; Tel. 28 90 52; www.rootsloeffel.de

Feste und Events

Bardentreffen, Blaue Nacht und Christkindlesmarkt – der Nürnberger Festkalender ist vielseitig.

Die jährlich im Mai veranstaltete Blaue Nacht (→ MERIAN-Tipp, S. 35) taucht die Nürnberger Altstadt in blaues Licht. Die farbenprächtig illuminierte Burg und weitere blau beleuchtete Gebäude – hier die Lorenzkirche – sind besonders sehenswert.

Über das ganze Jahr verteilt, reiht sich in der Frankenmetropole ein Ereignis an das andere. Es beginnt mit der Spielwarenmesse und steigert sich im Sommer zu einem Festkalender mit hochkarätigen Konzerten. Ein Teil der Veranstaltungen wie das Bardentreffen und das Klassik Open Air sind sogar kostenlos! Zu den bekanntesten sportlichen Events gehören das Motorsportspektakel am Norisring sowie das Radrennen »Rund um die Nürnberger Altstadt«. Finaler Höhepunkt des Jahres ist der Christkindlesmarkt, der alljährlich von mehr als 2 Mio. Menschen besucht wird.

MERIAN-Tipp

8 Blaue Nacht

Ein buntes Programm mit Ausstellungen, Konzerten und Performance-Darbietungen steht alljährlich unter einem anderen Motto. Ab 19 Uhr sind zahlreiche Museen, historische Häuser und Höfe bis spät in die Nacht geöffnet. Mehr als 150 000 Besucher strömen dann durch die Altstadt.

Ein Samstag in der zweiten Maihälfte; www.blauenacht.nuernberg.de

Februar

Spielwarenmesse

Die größte Spielwarenmesse der Welt ist gewissermaßen das wirtschaftliche Aushängeschild der Stadt. Jedes Jahr ist die Stadt eine Woche lang mit Messebesuchern gefüllt und kein Hotelbett mehr frei. Einziger Wermutstropfen: Die Messe öffnet ihre Pforten nur für Fachbesucher.

Anfang Feb.; Messezentrum; www.spielwarenmesse.de

April

Volksfest

Das Nürnberger Volksfest kann zwar nicht mit dem Münchner Oktoberfest mithalten, dafür findet es zweimal im Jahr statt. Zwei große Bierzelte und Dutzende von Fahrgeschäften sowie Losbuden und Imbissstände warten auf die Amüsierfreudigen. Mittwoch ist Familientag (bis 19 Uhr günstigere Preise). Ort: Neben der Kongresshalle am Dutzendteich.

Anfang April und Anfang Sept.; www.volksfest-nuernberg.de

Mai

Internationales Figurentheater-Festival

Bei dem renommierten Festival im Großraum Nürnberg, Erlangen, Fürth und Schwabach präsentieren sich Theatergruppen aus aller Welt, wobei die Inszenierungen oft in Grenzbereichen zu Tanz und Performance angesiedelt sind.

Alle zwei Jahre (2011, 2013 etc.); www.figurentheaterfestival.de

Sommer in Nürnberg

Unter dem Motto »Sommer in Nürnberg« wird alljährlich in den Sommermonaten ein buntes Potpourri aus Konzerten, Theateraufführungen und dem beliebten »SommerNachtFilm-Festival« im August präsentiert. Ein großer Teil der Veranstaltungen findet unter freiem Himmel in Nürnberg und der näheren Umgebung statt.

www.sommernachtfilmfestival.de und www.kuf-kultur.de

Trempelmarkt

→ MERIAN-Tipp, S. 28

Juni

Rock im Park

Das ultimative Festival für alle Musikfans! Größen aus dem Rock- und Popgeschäft geben sich auf dem Zeppelinfeld ein Stelldichein. Zu den Musikern, die schon auf den drei Bühnen standen, gehören Peter Gabriel, Bon Jovi, Sting, Metallica sowie Herbert Grönemeyer. Hinweis: Im Ticketpreis ist auch die Möglichkeit zum Campen und Parken inbegriffen.

Pfingstwochenende (Fr–So); www.rock-im-park.de

Internationale Orgelwoche

Unter Freunden der Musica Sacra gilt die alljährlich stattfindende Internationale Orgelwoche als das führende Festival Europas. Elf Tage lang präsentieren Solisten, Chöre und Orchester in den gotischen Kirchen der Altstadt geistliche Musik, wobei die Konzerte in die Gottesdienste integriert werden. Neben Sinfonien und Oratorien ist auch das beliebte Mittagskonzert zu hören. Seit 2009 wird auch ein Musikprogramm am Osterwochenende organisiert.

Ende Juni; Internationale Orgelwoche Nürnberg, Musica Sacra, Lorenzer Platz 10 a; Tel. 2 14 44 66; www.ion-musica-sacra.de

Internationales ADAC Norisring Speedweekend

Nicht nur Monaco kann sich eines Motorsportspektakels inmitten der Stadt rühmen: Zum Norisring-Rennen kommt die internationale Motorsportelite der Tourenwagen nach Nürnberg, um auf dem 2,3 km langen Stadtkurs Punkte für die jeweiligen Meisterschaften zu sammeln.

Letztes Juniwochenende; Gelände am Zeppelinfeld; www.norisring.de

MERIAN-Tipp

9 Bardentreffen

Wenn alljährlich im Sommer das Bardentreffen stattfindet, zeigt sich seit 1976 Nürnberg von seiner schönsten Seite. An sieben über die Altstadt verteilten Spielorten finden Open-Air-Konzerte zum Nulltarif statt. Die bekannteren internationalen Stars wie beispielsweise Joan Armatrading oder die Leningrad Cowboys spielen auf dem Hauptmarkt, besonders stimmungsvoll sind aber die Bühnen in der Katharinenruine und im Kreuzigungshof. Mehr als 200 000 Besucher strömen von Freitag bis Sonntag durch die Altstadt, wobei auch eine Reihe von Straßenmusikanten Kostproben ihres Könnens bieten.

Erstes Sommerferienwochenende (Ende Juli/Anfang Aug.); www.bardentreffen.de

JULI

Klassik Open Air

Mit 100 000 Besuchern ist das Nürnberger Klassik Open Air die größte Veranstaltung seiner Art in Europa. Einmal geben die Nürnberger Philharmoniker, das andere Mal die Nürnberger Symphoniker im Luitpoldhain kostenlose Einblicke in ihr Repertoire. Dabei geht es alles andere als steif zu: Die Zuhörer sitzen in zwangloser Picknick-Atmosphäre auf dem Rasen. Klassik mit Kultcharakter.

Letzter So im Juli und zweiter Sa im Aug.; www.klassikopenair.de

SEPTEMBER

Rund um die Nürnberger Altstadt

Jedes Jahr trifft sich die internationale Radsportelite in Nürnberg, um entlang der Stadtmauer »Rund um die Nürnberger Altstadt« in die Pedale zu treten. Der 13 km lange Rundkurs wird dabei von fast 100 000 Zuschauern gesäumt, welche die Profis und Amateure – in ihren jeweilig getrennten Rennen – begeistert anfeuern. Ein abwechslungsreiches Rahmenprogramm lässt das Radrennen zu einem wahren Volksfest werden.

Zweiter So im Sept.; www.radrennen.de

Trempelmarkt

→ MERIAN-Tipp, S. 28

Altstadtfest

Dieses Fest ist vor allem ein geselliger Termin. In den auf der Hinteren Insel Schütt und dem Hans-Sachs-Platz errichteten Buden wird munter gezecht, dazu werden hauptsächlich lokale Spezialitäten serviert. Zentraler Publikumsmagnet ist das traditionelle Fischerstechen auf der Pegnitz.

Zweite Septemberhälfte; www.altstadtfest-nuernberg.de

Der Hauptmarkt mit Frauenkirche und Schönem Brunnen bietet eine unvergleichliche Kulisse für den berühmten Nürnberger Christkindlesmarkt.

DEZEMBER

Christkindlesmarkt

Kein anderer Weihnachtsmarkt kann mit der Popularität des Nürnberger 1 Christkindlesmarktes mithalten. Wenn das **Nürnberger Christkind** – eine junge Frau aus der Bevölkerung – am letzten Freitag vor dem 1. Advent um 17.30 Uhr auf der Empore der Frauenkirche steht und den größten und bekanntesten Weihnachtsmarkt Deutschlands mit einem Prolog eröffnet, werden die Bilder der Feierlichkeiten in die ganze Welt übertragen.

Die Wurzeln des Nürnberger Christkindlesmarktes reichen bis ins frühe 17. Jh. zurück. Anfangs nur von lokaler Bedeutung, begann der Aufstieg des Marktes zu einer touristischen Sehenswürdigkeit in der bürgerlichen Welt des 19. Jh., als das Weihnachtsfest im intimen Kreis der Familie mit jenem feierlichen Ernst begangen wurde, der sich bis auf den heutigen Tag erhalten hat. Die Kinderbescherung wurde ebenso wie der Tannenbaum zum unverzichtbaren Attribut der häuslichen Weihnachtsfeier. Selbst die Nationalsozialisten konnten sich dieser Faszination nicht entziehen; die Eröffnungszeremonie auf der Empore der Frauenkirche geht auf eine Idee des damaligen NS-Oberbürgermeisters zurück und wurde nach Kriegsende beibehalten.

Heute kommen alljährlich mehr als 2 Mio. Besucher – teilweise sogar mit Sonderflügen – in die Frankenmetropole, um sich an der weihnachtlichen Stimmung zu erfreuen. Die Atmosphäre ist geprägt vom Geschäft mit der nostalgischen Sentimentalität. Dicht gedrängt und umnebelt von Bratwurstduft und Glühweinschwaden schieben sich dann die Menschen durch die Budengassen. Bis zum Heiligen Abend (14 Uhr) sind die auf dem Hauptmarkt aufgestellten Holzbuden geöffnet. Neben Christbaumschmuck, Früchtebrot und Lebkuchen werden auch Rauschgoldengel und »Zwetschgenmännla« – ein glücksbringender Schlotfeger aus Zwetschgen, Datteln und einer Walnuss als Gesicht – feilgeboten.

Adventszeit (bis 24. Dez.); tgl. 9.30–20, So ab 10.30, Fr, Sa bis 22 Uhr; www.christkindlesmarkt.de

Familientipps – Hits für Kids

Tierpark, Spielzeugmuseum und unterirdische Gefängnisse – langweilig wird es Kindern sicher nicht.

Für Kinder ab zehn Jahren ist ein Besuch der Mittelalterlichen Lochgefängnisse besonders spannend. Wie die Häftlinge sich hier angesichts der Folterinstrumente und dunklen Zellen gefühlt haben müssen, erlebt man auf der rund 20-minütigen Führung.

Allein schon durch seine Kulisse mit Kaiserburg und Stadtmauer weckt Nürnberg bei Kindern mittelalterliche Assoziationen. Bei einem spannenden Stadtrundgang oder einem Besuch der historischen Lochgefängnisse kann man in das Mittelalter eintauchen.

Erfahrungsfeld zur Entfaltung der Sinne → S. 114, A 8

Hinter dem etwas sperrigen Namen verbirgt sich eine überaus ansprechende pädagogische Einrichtung zur Schulung der eigenen Sinne und der Wahrnehmung, beispielsweise mit einer Tastgalerie, Klangsäulen und einer begehbaren Lehmskulptur. Besonders reizvoll ist der ca. 60 m lange »Dunkelgang« sowie ein Barfußweg durch das Gelände.

Johann-Soergel-Weg; U-Bahn 2 oder 3: Wöhrder Wiese; www.erfahrungsfeld.nuernberg.de; Mai-Mitte Sept. tgl. 10–18, Sa ab 13 Uhr; Eintritt 6,50 €, erm. 4,50 € bzw. 3,50 €

Kinder- und Jugendmuseum → S. 116, C 9

Das Museum will Kinder für Alltagsgeschichte und Fragen der Ökologie begeistern. So zeigt etwa der »Alltag der Urgroßeltern«, wie man vor 100 Jahren wohnte und kochte oder wie man seinerzeit die Wäsche wusch. In der Abteilung »Schatzkammer Erde« werden Besucher zum Experimentieren und Forschen animiert, beispielsweise in der Computer-Recyclingwerkstatt oder im Gewächshaus.

Michael-Ende-Str. 17; U-Bahn 2: Rothenburger Straße; www.kindermuseum-nuernberg.de; Sa 14–17.30, So 10–17.30 Uhr; Eintritt 5,80 €

Mittelalterliche Lochgefängnisse → S. 113, E 3

Nicht nur Kinder und Jugendliche begeistert ein Besuch der unmittelbar unter dem Nürnberger Rathaus gelegenen Historischen Lochgefängnisse. Die authentischen Kellerräume vermitteln einen Eindruck von den wenig angenehmen Zuständen in einem mittelalterlichen Gefängnis. Trostlos und stockfinster waren die zwölf Strafzellen mit ihren Schließstöcken, besonders Widerspenstige mussten in der als »Kapelle« bezeichneten Folterkammer eine schreckliche nähere Bekanntschaft mit Daumenschrauben und ähnlichen Folterwerkzeugen machen. Der Besuch ist nur im Rahmen einer Führung möglich.

Rathausplatz 2 (unter dem Rathaus); Bus 34: Hauptmarkt; www.museen.nuernberg.de; Mitte März–Okt. tgl. 10–16.30, im Winter Mo–Fr 10–16.30 Uhr, während des Christkindlesmarktes tgl. 10–16.30 Uhr, 24. Dez.–5. Feb. geschl.; Eintritt 3 €, erm. 1,50 €

MERIAN-Tipp

10 Spielzeugmuseum

Nürnberg ist für seine Spielzeugindustrie in der ganzen Welt berühmt. Im städtischen Spielzeugmuseum sind von der Puppenküche bis zur Modelleisenbahn nicht nur Spielsachen aus drei Jahrtausenden zu sehen, es wird auch versucht, die soziale und kulturelle Bedeutung von Spielen und Spielzeug aufzuzeigen. Interessant sind nicht nur die verschiedenen Materialien vom Plüschteddy bis zum Blechspielzeug, sondern auch die Erkenntnisse über die bürgerliche Wohnkultur, die sich etwa anhand der Puppenhäuser aus der Biedermeier- oder Jugendstilzeit gewinnen lassen. Matchbox-Autos, Lego-Steine und Barbie-Puppen fehlen selbstverständlich auch nicht. Das angeschlossene Freigelände mit Spielplatz und Café hat nur im Sommerhalbjahr geöffnet.

Karlstr. 13–15; Bus 34: Weintraubengasse; www.spielzeugmuseum-nuernberg.de; Di–Fr 10–17, Sa, So 10–18, während des Christkindlesmarktes auch Mo 10–17 Uhr; Eintritt 5 €, erm. 2,50 € → S. 113, E 3

Sichtlich beeindruckt von den fast lebensgroßen Playmobil-Figuren im Playmobil Funpark zeigen sich vor allem die kleinen Besucher. Wann sonst hat man schon die Gelegenheit, einem überdimensionalen Plastikmännchen die Hand zu schütteln?

Playmobil Funpark

⇢ S. 116, westl. A 9

Der westlich von Nürnberg bei Zirndorf am Stammsitz der Firma gelegene Playmobil Funpark lässt die bunte Welt der Plastikmännchen Wirklichkeit werden. Wer will, kann sich als Pirat, Ritter oder Indianer erproben, durch Dschungelruinen streifen und auf ein Baumhaus klettern. Zu den zahlreichen Attraktionen gehören auch ein Wasserspielplatz, verschiedene Rutschen und eine Kletterwand.

Brandstätter Str. 2–10, Zirndorf; www.playmobil-funpark.de; tgl. 9–19, im Winter 10–18 Uhr; Eintritt 5–10 €

Stadtführungen für Kinder

Stadtführungen sind für die meisten Kinder langweilig. Glücklicherweise gibt es in Nürnberg aber eine breite Palette an speziellen, auf bestimmte Altersgruppen zugeschnittene Kinderführungen, die zum Entdecken der mittelalterlichen Stadt einladen. Es geht auf den Spuren von Martin Behaim (»Als der Erdapfel noch ohne Amerika war«) oder »von Königen, Rittern und Edelfrauen« durch die Stadt, wobei auch Fragen wie »Wer reist durchs Stadttor ein und aus?« erörtert werden.

Wechselnde Termine, Informationen über Themen und Termine: Geschichte für Alle e. V., Wiesentalstr. 32; Tel. 33 27 35; www.geschichte-fuer-alle.de; Verein der Gästeführer Nürnbergs; www.nuernberg-tours.de

Tiergarten Nürnberg ⇢ S. 115, F 8

Der am Schmausenbuck gelegene Tiergarten gehört zu den attraktivsten und größten Anlagen Europas. 2 Teilweise wurden die Freigehege geschickt in alte Sandsteinbrüche integriert, die vor allem bei den Löwen und Tigern sowie den Eisbären, die man durch Glasscheiben auch beim Schwimmen beobachten kann, für eine stimmungsvolle Kulisse sorgen. Das unlängst total renovierte Raubtierhaus befindet sich inmitten der

Sandsteinfelsen und bietet Platz für Löwen und Tiger, deren Freigehege von einem Wassergraben getrennt und hervorragend einsehbar ist.

Auf dem großräumigen Areal kann man spielend einen ganzen Tag verbringen und dabei in aller Ruhe zu den verschiedenen Gehegen wandern. Zu den besonderen Attraktionen zählen vor allem das Delphinarium, das demnächst um eine Lagune erweitert werden soll, das Tropenhaus und das Gorillafreigehege sowie eine als Aqua Park bezeichnete faszinierende Wasserlandschaft für Biber, Otter, Pinguine, Seelöwen und Eisbären. Für Kinder ist es ein besonderes Erlebnis, an einer kommentierten Fütterung teilzunehmen oder im Streichelzoo mit den Tieren auf Tuchfühlung zu gehen.

Am Tiergarten 30; Straßenbahnlinie 5: Tiergarten; www.tiergarten.nuernberg.de; April–Sept. 8–19.30, im Winter 9–17 Uhr, Vorstellungen im Delphinarium Mo–Fr 11, 14 und 16 Uhr, am Wochenende und während der bayerischen Schulferien 11.30, 14.30 und 16 Uhr; Eintritt 7,50 €, erm. 6 € bzw. 3,70 €, Delphinarium 4,50 €, erm. 4 € bzw. 2 €

Tucherland → S. 113, nordöstl. D 1

Wie auf einer riesigen Geburtstagsparty können sich die Kinder hier auf Trampolinen, Rutschen und Hüpfburgen austoben oder auf der Kartbahn durch die Halle düsen. Für die Größeren gibt es eine Kletterwand und einen 40 m langen Parcours im Hochseilgarten. Schönes Freigelände mit Verkehrsübungsplatz!

Marienbergstr. 102; Bus 22: Tucherhof; www.tucherland.de; Mo–Do 14–19, Fr 13–19, Sa, So 10–19 Uhr; Eintritt 4–8 €

Turm der Sinne → S. 113, D 4

In dem im mittelalterlichen Mohrenturm untergebrachten Museum wird die eigene Wahrnehmung auf eine harte Probe gestellt. Das interessante Konzept basiert auf einem interaktiven Hands-on-Museum, sodass die Besucher immer wieder selbst probieren können, inwieweit naturwissenschaftliche Phänomene fähig sind, die eigenen Sinne zu verführen.

Spittlertormauer 17; Straßenbahnlinie 4 oder 6: Hallertor; www.turmdersinne.de; Di–Fr 13–17, Sa, So, Fei 11–17, in den Schulferien tgl. 11–17 Uhr; Eintritt 6 €, erm. 4 €

Die Eisbärdame »Flocke« ist wohl die berühmteste Bewohnerin des Tiergartens. Im Juni 2009 zog sie mit Eisbär »Rasputin« in ein neues Gehege mit Unterwasserscheibe um.

Unterwegs in Nürnberg

Vom Fünfeckturm der Kaiserburg (→ S. 45), dem ältesten Bauwerk der Stadt, schweift der Blick auf den staufischen Palas mit dem Kaisersaal und der romanischen Kapelle.

Die Silhouette der einstigen Reichsstadt wird noch immer von der Kaiserburg und der nahezu komplett erhaltenen Stadtummauerung dominiert. Die Pegnitz teilt das Zentrum in zwei Hälften.

Sehenswertes

Stadt, Land, Fluss – auf Nürnberg übertragen bedeutet dies Burg, Altstadt, Pegnitz!

Der nahtlos in das eiserne Gitter des Schönen Brunnens (→ S. 58) eingeschmiedete »Wunschring« aus Messing gilt auch heute noch als Glücksbringer. Einer alten Sage nach wird derjenige, der daran dreht, in naher Zukunft mit Kindersegen bedacht.

Obwohl Nürnberg eine Großstadt mit ca. 500 000 Einwohnern ist, bleibt das touristisch bedeutsame Stadtbild so übersichtlich wie in sich geschlossen. Innerhalb des Nürnberger Zentrums lässt sich jedes Museum und jede Sehenswürdigkeit bequem zu Fuß erreichen. Da die Altstadt noch fast vollständig von einer Stadtmauer umgeben ist, deren Grundriss einem Parallelogramm ähnelt, fällt die Orientierung leicht. Nach Norden hin steigen die Gassen und Straßen zur Burg hin an. Den Wechsel zwischen den beiden Stadthälften erleichtern mehrere (Fußgänger-)Brücken. Mit dem Auto kann man sich in der Altstadt allerdings kaum fortbewegen, selbst auf öffentliche Verkehrsmittel lässt sich leicht verzichten.

Jenseits der Stadtmauern führen die Wege in das nahe St. Johannis mit seinen Hesperidengärten oder zur Wehrkirche nach Kraftshof. Geradezu zum Pflichtprogramm für historisch Interessierte gehört ein Besuch des ehemaligen Reichsparteitagsgeländes, dessen Dimensionen noch von jener zwölfjährigen Epoche künden, als Nürnberg eine unrühmliche Rolle in der deutschen Geschichte spielte.

Wer länger in der Frankenmetropole bleibt, sollte unbedingt einen Besuch der Nachbarstädte **Fürth** (→ S. 86) und **Erlangen** (→ S. 88) einplanen. Als Naherholungsgebiete locken die **Fränkische Schweiz** (→ S. 94) und das **Fränkische Seenland** (→ S. 98).

Sehenswertes

Albrecht-Dürer-Denkmal

→ S. 113, E 3

Albrecht Dürer ist der bekannteste Nürnberger. Keine Frage, dass er in seiner Heimatstadt mit einem Denkmal geehrt wird. Entworfen von Christian Daniel Rauch und in der Gießerei von Jakob Daniel Burgschmiet in Erz gegossen, wurde das Standbild unweit von Dürers einstigem Wohnhaus aufgestellt. Selbstbewusst in einen wallenden Mantel gehüllt, steht der Meister seit 1840 auf einem Sockel und blickt hinab zur Sebalduskirche. Sozialhistorisch interessant ist der Umstand, dass das Dürer-Denkmal zu den ersten Monumenten Deutschlands gehörte, das weder einem Kaiser noch einem anderen Monarchen, sondern einem Künstler gewidmet war.

Albrecht-Dürer-Platz (Bergstraße); Straßenbahnlinie 4: Tiergärtnertor

Burg

→ S. 113, E/F 3

3

Seit Jahrhunderten dominiert der mächtige Burgkomplex das Stadtbild. Wie kaum ein anderes Bauwerk verkörpert seine markante Silhouette die kaiserliche Macht wie auch die mittelalterliche Bedeutung der Reichsstadt. Bis ins 20. Jh. hinein war die Burg schon aus der Ferne kilometerweit auszumachen, heute lässt sich dieser majestätische Anblick nur noch von Norden erahnen. Die Nürnberger Burganlage mit ihren Türmen, Kapellen, Höfen und Stallungen erstreckt sich weit über 200 m auf einem Sandsteinrücken und ist kein einheitliches Gebilde, da sie in mehreren Bauphasen errichtet wurde und immer wieder verändert worden ist.

Archäologische Grabungen haben belegt, dass bereits rund 100 Jahre vor der ersten urkundlichen Erwähnung Nürnbergs (1050) eine Adelsburg auf dem Burgberg existiert haben muss. Aus dieser kleinen unbedeutenden Festung entstand wohl im Lauf des 11. Jh. eine größere Burg, die den durchs Land reisenden Königen als Pfalz diente. Bis 1571 residierte jeder deutsche Kaiser mindestens einmal in Nürnberg; für Karl IV. und Ludwig den Bayern sind gar mehr als 40 Besuche dokumentiert.

Im Schutz der Burg entwickelte sich eine prosperierende Siedlung, die im Jahr 1219 zur Freien Reichsstadt erhoben wurde und sich schnell zu einem der bedeutendsten Handelszentren im Heiligen Römischen Reich entwickelte. Spätestens in dieser Epoche wurde die Burg zu einem

Symbol für die königliche Macht – ein Umstand, der 1356 durch die Goldene Bulle untermauert wurde, da fortan jeder neue Herrscher seinen ersten Hoftag in Nürnberg abhalten musste. Als ein wahres Festungsbollwerk trotzte Nürnberg allen Kriegswirren des Mittelalters wie auch der Reformation; erst der überlegenen napoleonischen Armee ergab sich die Stadt ohne Widerstand.

Der Burgkomplex bestand einst aus drei verschiedenen Arealen (der Kaiserburg, einer burggräflichen Burg sowie einer reichsstädtischen Burganlage), die heute aber kaum mehr getrennt wahrgenommen werden. Die eigentliche Kaiserburg wurde auf dem strategisch leicht zu verteidigenden Westteil der Burgbergs errichtet und ist wiederum in einen äußeren und einen inneren Burghof unterteilt, die frei zugänglich sind. Der Palas, die spätromanische Doppelkapelle, der Tiefe Brunnen sowie der Sinwellturm können nur im Rahmen einer Führung besichtigt werden; die Kemenate beherbergt das **Kaiserburgmuseum** (→ Museen, S. 71).

Der **Palas** thront auf dem steil abfallenden Burgfelsen und ähnelt einer Höhenburg, wobei der asymmetrische Grundriss den geografischen Gegebenheiten folgt; sein heutiges Aussehen datiert ins 15. Jh. Der lang gestreckte Bau war repräsentativen Zwecken vorbehalten, weshalb er – wie auch die Kemenate – die meiste Zeit des Jahres unbewohnt und durch ein eigenes Tor vom äußeren Burghof abgegrenzt war. Das Erdgeschoss des Palas wird vom zweischiffigen Rittersaal eingenommen, darüber erstreckt sich der in den Reichsfarben (Schwarz und Gelb) gehaltene Kaisersaal. Die sich nach Norden hin anschließende **Kemenate** wurde im Zweiten Weltkrieg weitgehend zerstört und musste wiederaufgebaut werden. Im Innenhof stand einst eine Linde, unter der das Hofgericht tagte und der Kaiser Recht sprach.

Das kunsthistorisch bedeutendste Bauwerk der Burg ist die aus der Stauferzeit stammende **Doppelkapelle**, die im äußeren Burghof steht, aber über einen direkten Zugang zum Palas verfügt. Der jeweilige Herrscher konnte so bequem den Gottesdienst von einer eigenen Empore in der Kaiserkapelle verfolgen, während die untere Kapelle (Margarethenkapelle) dem Gefolge vorbehalten war; die mittelalterliche Ständegesellschaft fand hier ihre architektonische Entsprechung. Die Margarethenkapelle, die durch ein Rundbogenportal direkt vom Burghof zugänglich ist, wirkt kryptenhaft und düster, die romanischen Kapitelle der tragenden Säule sind mit Adlern und Löwenköpfen verziert. Durch eine zentrale Öffnung im Mitteljoch ist sie mit der lichteren Kaiserkapelle verbunden, deren schlanke Marmorsäulen aus Italien stammen. Die Chorräume der Kapellen sind in den Margarethenturm integriert, der aufgrund seiner schwer zu deutenden Skulpturenreste auch als Heidenturm bezeichnet wurde.

Mitten im äußeren Burghof befindet sich der in ein Brunnenhäuschen integrierte **Tiefe Brunnen**, der im Falle einer Belagerung die Wasserversorgung sicherte und 50 m tief in den Sandstein getrieben wurde. In unmittelbarer Nachbarschaft ragt der **Sinwellturm** in den Himmel. Der einstige Bergfried der Stauferburg erhielt seinen Namen von dem mittelhochdeutschen »sinwel« (»rund«), da er auf einem für die damalige Zeit noch ungewöhnlichen runden Grundriss errichtet wurde. Der Sinwellturm kann bestiegen werden und bietet einen herrlichen Panoramablick.

Eine mächtige Schildmauer trennt die Kaiserburg von der Burggrafenburg, die den einzigen Zugang nochmals absicherte. Erst als sich die Konflikte zwischen der Reichsstadt und den Burggrafen weiter zuspitzten, wurden die Befestigungsmauern aufgebrochen, sodass die städtischen

Würdenträger über eine durch das Himmelstor führende Rampe einen direkten Zugang zur Kaiserburg erhielten. Der charakteristische **Fünfeckturm** ist das älteste Bauwerk der Stadt (spätes 12. Jh.); er ist der einstige Bergfried der Burggrafenburg und verdankt seinen Namen seinem eigenwilligen Grundriss. Bis auf die Walpurgiskapelle, deren Chor zur Stadt zeigt, den Fünfeckturm und die Burgamtsmannswohnung samt vorgelagerter Barbakane haben sich von der Burggrafenburg keine Bauten erhalten.

Direkt neben dem Fünfeckturm fallen die **Befestigungsmauern** fast 20 m senkrecht zum Stadtgraben ab. Wer sich über die Brüstung beugt, kann noch den imaginären Hufabdruck entdecken, den das Pferd des Eppelein von Gailingen hier hinterlassen haben soll. Der Sage zufolge sollte der Raubritter gehenkt werden. Sein letzter Wunsch war es, noch einmal auf seinem geliebten Pferd zu sitzen, dann gab er dem Tier die Sporen, um nach einem waghalsigen Sprung über den Graben zu flüchten. Der zentrale Platz der Burggrafenburg war die **Freiung**, von der sich ein weiter Blick über die Dächerlandschaft der Nürnberger Altstadt eröffnet.

Kriegerische Auseinandersetzungen mit den Truppen eines bayerischen Herzogs führten 1420 zur Zerstörung von Teilen der Burggrafenburg; da der mächtige Nürnberger Burggraf inzwischen zum Markgrafen von Brandenburg aufgestiegen war, hatte er kein Interesse mehr an der Burg und verkaufte sie an die Reichsstadt. Schon Jahrzehnte zuvor hatten die Nürnberger mit dem **Luginsland** einen Wachturm auf dem Burgfelsen errichtet, um den Burggrafen besser kontrollieren zu können. Nach dem

Burg 3

1 Luginsland
2 Kaiserstallung
3 Fünfeckturm
4 St. Walburgis
5 Wehrmauer
6 Tor der Burggrafenburg
7 Burggrafenhaus
8 Vestnertor
9 Schildmauer
10 Himmelstor
11 Hasenburg
12 Sinwellturm
13 Hasenstallung
14 Finanzstadl
15 Tiefer Brunnen
16 Sekretariatsgebäude
17 Kastellansgebäude

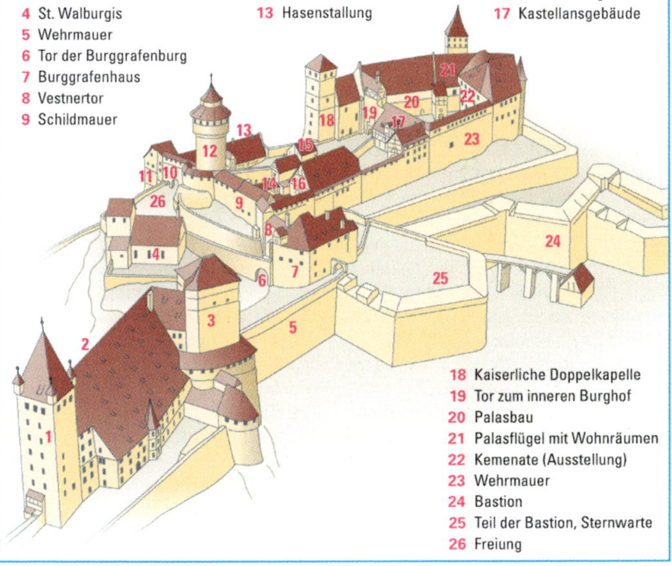

18 Kaiserliche Doppelkapelle
19 Tor zum inneren Burghof
20 Palasbau
21 Palasflügel mit Wohnräumen
22 Kemenate (Ausstellung)
23 Wehrmauer
24 Bastion
25 Teil der Bastion, Sternwarte
26 Freiung

Erwerb der Burggrafenburg wurde die Baulücke zum Fünfeckturm durch die **Kaiserstallung** von Hans Beheim d. Ä. architektonisch sehr geschickt geschlossen. Während in der Pfeilerhalle der kaiserliche Tross einquartiert werden konnte, dienten die Dachgeschosse als städtisches Kornhaus. Heute ist eine der schönsten Jugendherbergen Deutschlands in der Kaiserstallung untergebracht.

Nach Nordwesten hin wird der gesamte Burgkomplex von mächtigen Basteien geschützt, auf denen der **Burggarten** angelegt wurde, der frei zugänglich ist. Die imposanten, zickzackförmigen Basteien mit ihren meterdicken Mauern wurden in der Mitte des 16. Jh. nach Plänen des italienischen Festungsbaumeisters Antonio Fazuni erbaut, um die Burg vor feindlichem Beschuss zu schützen.

Auf der Burg 13; Straßenbahnlinie 4: Tiergärtnertor; www.schloesser.bayern.de; April–Sept. 9–18, Okt.–März 10–16 Uhr; Eintritt 6 €, erm. 5 € bzw. 3 €, erm. 2 € (nur Tiefer Brunnen mit Sinwellturm)

Egidienkirche → S. 113, F 3

Die Pfarrkirche St. Egidien gehört zu den wenigen Barockbauten im Nürnberger Stadtbild. Die Wirtschaftskraft der Reichsstadt hatte nach dem Ende des Dreißigjährigen Krieges erheblich abgenommen, doch als die aus einem Schottenkloster hervorgegangene alte Egidienkirche durch einen Blitzschlag zerstört worden war, entschloss man sich zu Beginn des 18. Jh. zu einem Neubau im barocken Stil, dessen Wirkung durch den großen vorgelagerten Platz noch erhöht wurde. Das Innere wurde von Donato Polli mit üppigem Stuck dekoriert, doch ging die Ausstattung im Krieg verloren. An den Vorgängerbau erinnert noch die romanische Euchariuskapelle, die ebenso an die Egidienkirche anschließt wie die gotische Tetzelkapelle und die spätgotische Wolfgangskapelle.

Egidienplatz; Bus 36: Egidienplatz; www.egidienkirche.de

Ehekarussellbrunnen → S. 113, E 4

Direkt vor dem Weißen Turm steht der Ehekarussellbrunnen, den der Bildhauer Jürgen Weber von 1977 bis 1984 in Anlehnung an das Gedicht »Das bittersüße eh'lich' Leben« von Hans Sachs schuf. Der in Marmor eingefasste größte europäische Figurenbrunnen des 20. Jh. thematisiert Lust und Leid eines Ehelebens. In Form eines Karussells werden zusammen mit allerlei Getier sechs verschiedene Phasen der Ehe dargestellt, wobei die drallen und üppigen Figuren viel Sinnlichkeit ausstrahlen und vor allem die Schattenseiten einer Beziehung sehr drastisch überzeichnet werden. Der Meisterdichter Hans Sachs thront in tänzerischer Pose vor dem kunstvollen Ensemble.

U-Bahn 1: Weißer Turm

Felsengänge und Kasematten → S. 113, E 3

Der Sandsteinfelsen unterhalb der Burg und der Sebalder Altstadt ist von einem ganzen Netz an labyrinthartigen Gängen durchzogen, die sich teils über mehrere Stockwerke erstrecken und im Rahmen einer Führung erkundet werden können. Ursprünglich nutzte man die kühlen Räumlichkeiten zur Lagerung von Bier.

Im Zweiten Weltkrieg wurden die Stollen dann zur Auslagerung bedeutender Kunstschätze wie auch als Luftschutzkeller für die Bevölkerung genutzt. Faszinierend ist auch das Lüftungssystem, das noch heute für eine perfekte Luftumwälzung sorgt. Auch durch die **Kasematten** der Burgbastei führen verzweigte Gänge, die auf einer Führung zusammen mit der **Lochwasserleitung** erkundet werden können. Letztere sicherte jahrhundertelang die Trinkwasserversorgung der Stadt Nürnberg. Hinweis: Auch im Sommer sollte man einen warmen Pullover nicht vergessen!

Bergstr. 19 (Eingang beim Dürer-Denkmal); Straßenbahnlinie 4: Tiergärtnertor; www.felsengaenge-nuernberg.de;

Führungen (1 Std.) tgl. 11, 13, 15 und 17 Uhr; Eintritt 4,50 €, erm. 3,50 €; Führungen durch die Kasematten April–Okt. tgl. 16 Uhr (nur je 10 Pers.); Eintritt 6 €

Fleischbrücke ⋯› S. 113, F 3

Die Fleischbrücke ist der älteste unverändert erhaltene Brückenbau der Stadt. Sie ist eine der beiden Hauptverbindungen zwischen der Lorenzer Altstadt und dem Hauptmarkt. Um einem drohenden Hochwasser möglichst wenig Widerstand zu bieten, spannt sich die Brücke seit 1598 an der schmalsten Stelle der Pegnitz in einem einzigen Bogen über das Wasser. Aufgrund ihres flachen, 27 m langen Bogens gilt die Fleischbrücke als eine technische Meisterleistung der Renaissance. Der ungewöhnliche Brückenname erinnert noch an das einstige reichsstädtische **Fleischhaus** (Schlachthaus), das hier direkt an der Pegnitz stand, da man blutige Fleischabfälle so einfach entsorgen konnte. Neben der Brücke ruht ein Ochse auf einem steinernen Portal. Ironisch verweist die Inschrift in Latein darauf, dass, obwohl alle Dinge einen Anfang und ein Wachstum haben, der Ochse nie ein Kalb gewesen ist.

U-Bahn 1: Lorenzkirche

Frankenstadion ⋯› S. 119, E 15

Vor allem für Fußballfans bietet sich ein Besuch des Frankenstadions an. Wer kein Heimspiel des **1. FC Nürnberg** besuchen kann, der mag vielleicht an einer Führung teilnehmen. Das Stadion wurde ursprünglich 1928 von dem Architekten Otto Ernst Schweizer entworfen, aber mehrfach umgebaut. Zuletzt erfolgte 2003 eine Totalmodernisierung des Stadions, da Nürnberg einer der Austragungsorte der Fußballweltmeisterschaft 2006 war. Seither hat das Stadion eine Kapazität von 47 500 Plätzen, darunter 39 700 Sitzplätze. Offiziell trägt das Stadion derzeit den Namen easyCredit-Stadion, doch ist der Name bei den Einheimischen und Clubfans unbeliebt.

Max-Morlock-Platz 1; S-Bahn 2: Frankenstadion; www.easycredit-stadion.de; Führungen von Mitte März–Okt. Do um 16 Uhr; Eintritt 5 €, erm. 3,50 €

Frauenkirche ⋯› S. 113, F 3

Die Ostseite des annähernd quadratischen Hauptmarktes wird von der spätgotischen Fassade der Frauenkirche dominiert, die anstelle einer jüdischen Synagoge im Stil einer Hallenkirche im Jahr 1355 errichtet wurde. Die Vorhalle mitsamt Empore

Der Ehekarussellbrunnen ist eine amüsante Anspielung auf ein Hans-Sachs-Gedicht.

Der nächtliche Hauptmarkt mit dem hell erleuchteten Schönen Brunnen von der Fleischbrücke aus gesehen. Im Hintergrund erkennt man die Türme des Rathauses.

und Michaelschor symbolisieren das imperiale Gesamtverständnis Kaiser Karl IV., der in der Kirche auch seinen Sohn Wenzel taufen ließ. Auf der Empore, auf der heute das Nürnberger Christkind seinen Eröffnungsprolog spricht, präsentierte der Kaiser seinem Volk die Reichskleinodien. Später wurde über der Empore ein kostbares Spielwerk eingebaut, das berühmte »**Männleinlaufen**«. Täglich um 12 Uhr mittags verneigen sich die sieben Kurfürsten dreimal vor Kaiser Karl IV., während die Musikanten ihre Instrumente bewegen. Gut erhalten ist die Vorhalle mit ihren Spitzbogenportalen und dem reichen Figurenschmuck, während das Innere der dreischiffigen Kirche stark unter der Säkularisierung und den Kriegsschäden gelitten hat, wodurch die Glasgemälde und Wandmalereien weitgehend verloren gingen. Zu den wertvollsten Ausstattungsstücken zählen der **Tucheraltar** (um 1445), dessen Triptychon Verkündigung, Kreuzigung und Auferstehung zeigt sowie ein **Sandsteinepitaph**, den Adam Kraft um 1500 für die Familie Pergenstorffer geschaffen hat.

Hauptmarkt; Bus 36: Hauptmarkt

Füll → S. 113, E 3

Füll ist der Straßenname für eine der schönsten Altstadtgassen Nürnbergs. Der Name erinnert noch an den Graben der vorletzten Stadtummauerung, der, nachdem die Stadt weit über ihre einstigen Grenzen hinausgewachsen war, einfach aufgefüllt wurde.

Mehrere vornehme Bürgerhäuser (Nr. 6, 8 und 12) mit den für Nürnberg typischen Chörlein sowie reizvollen Höfen samt Holzgalerien finden sich hier. Die Füll wird im Osten begrenzt durch das Pfarrhaus an der Ecke zum Sebalder Platz. Das **Sebalder Pfarrhaus** besitzt einen spätmittelalterlichen Innenhof sowie ein markantes gotisches Chörlein. Dieses ist allerdings nur eine Kopie, da sich das Original im Germanischen Nationalmuseum befindet.

Bus 36: Hauptmarkt

Hammer S. 115, östl. F 6

Im Pegnitztal östlich von Nürnberg befindet sich ein einzigartiges frühindustrielles Ensemble. Die **historische Gewerbesiedlung** Hammer war einer der ersten Industriestandorte im Pegnitztal. Um die Wasserkraft des Flusses besser zu nutzen, wurde im 16. Jh. neben einer Mühle ein Hammerwerk zur Messingherstellung errichtet, das wie ein kleines Dorf von Wehrtürmen, Mauern und zwei Toren gesichert wurde. Um die Arbeiter an das Fabrikgut zu binden, konnten sie dort mietfrei wohnen und ihre Kinder in die dorfeigene Schule schicken. Dies war sozialgeschichtlich genauso vorbildlich wie eine Absicherung durch Invaliditäts-, Alters- und Witwenrenten für die Arbeiter und ihre Angehörigen.

Das im Krieg zerstörte Herrenhaus sowie das einstige Wirtshaus dürfen aufgrund ihrer Lage im Wasserschutzgebiet nicht mehr aufgebaut werden, doch bietet das Industriedorf mit seinem **fachwerkverzierten Uhrenhaus** und den **Arbeiterwohnungen** noch immer einen anschaulichen Einblick in die Frühphase der Industrialisierung. In der Mitte des Anwesens steht ein barocker **Obelisk**, der aus einem Garten in St. Johannis stammt.

Bus 40: Hammer

Handwerkerhof S. 113, F 4

Anlässlich des Dürerjahrs 1971 gestaltete man den einstigen Waffenhof beim Königstor in einen mittelalterlichen Budenmarkt um. Man errichtete dazu kleine Häuser im typischen Fachwerkstil. Neben einem Goldschmied gibt es noch einen Glasmaler und Zinngießer sowie weitere Handwerksbetriebe wie eine Töpferei. Für das leibliche Wohl sorgen eine Lebküchnerei sowie eine Weinstube und das **Bratwurstglöcklein**, das seine Rostbratwürste auf dem Zinnteller serviert.

Königstor; U Bahn: Hauptbahnhof; www.handwerkerhof.de; Mo–Sa 9–22 Uhr, die Geschäfte haben von 10–18.30 Uhr, die Gastronomie ist bis 22 Uhr geöffnet

Hauptmarkt S. 113, E/F 3

4

Der Hauptmarkt ist gewissermaßen das Bindeglied zwischen der Sebalder und Lorenzer Altstadt. Ursprünglich war das Areal, auf dem sich der Hauptmarkt mit dem **Schönen Brunnen** befindet, ein unwirtliches sumpfiges Gelände, das immer wieder von den gefürchteten Pegnitzhochwassern heimgesucht wurde. Als Bauplatz minderer Güte überließ man das Gebiet den Juden, die sich hier ansiedelten und eine Synagoge errichteten. Doch nachdem die beiden Nürnberger Stadthälften mit einer gemeinsamen Stadtmauer verbunden worden waren, weckte die zentrale Lage des Ghettos Begehrlichkeiten.

Mit Zustimmung Kaiser Karl IV. kam es 1349 in Nürnberg zu einem Pogrom, bei dem mehr als 600 Juden getötet wurden. Das Ghetto wurde abgerissen. Doch statt das Areal wieder zu bebauen, entstand der größte gepflasterte Marktplatz nördlich der Alpen, auf dem Turniere abgehalten und alljährlich die Reichskleinodien präsentiert wurden.

Heute findet werktags ein **grüner Markt** (→ S. 28) statt, der bei Großveranstaltungen wie dem Christkindlesmarkt oder dem Bardentreffen in Richtung Lorenzkirche verlegt wird.

Hauptmarkt; Bus 36: Hauptmarkt

Heilig-Geist-Spital S. 113, F 3

Was macht ein reicher, um sein Seelenheil besorgter Patrizier im Mittelalter? Richtig, er stiftet einen Teil seines Vermögens für den Bau eines Spitals. Jedoch handelte der Nürnberger Reichsschultheiß Konrad Groß 1331 nicht ganz selbstlos, denn die Armen, Kranken und Bedürftigen, die hier ein Dach über dem Kopf fanden, mussten täglich für das Seelenheil des Stifters beten. Zum Spital gehörte eine Kirche, die 1424 bis 1796 der Aufbewahrungsort der Reichskleinodien (Krone, Reichsapfel, Zepter, Schwert etc.) war. Bis auf eine Außenmauer wurde die Kirche im Krieg komplett zerstört.

Von der Museumsbrücke hat man einen guten Blick auf das Heilig-Geist-Spital (→ S. 51). Schon im frühen 14. Jahrhundert war hier eine Stiftung für Bedürftige untergebracht.

Sein heutiges Aussehen erhielt das Heilig-Geist-Spital Anfang des 16. Jh. durch den großen Stadtbaumeister **Hans Beheim d. Ä.**, der den nördlichen Pegnitzarm mit einem Doppelbogen hin zur Westspitze der Insel Schütt überbrückte. Die mehrgeschossigen Spitalgebäude gruppierten sich um mehrere Höfe, so der Hanselhof mit dem gleichnamigen Brunnen und der von Spitzbogenarkaden gesäumte Kreuzigungshof. In einer an den Kreuzigungshof angrenzenden Halle steht auch das Hochgrab des Stifters. Auch nach der Reformation kam dem Heilig-Geist-Spital eine wichtige soziale Funktion zu. Heute werden die Räumlichkeit (fast) ihrer ursprünglichen Bestimmung gemäß als städtisches Seniorenwohnheim genutzt.

Spitalgasse 16; Bus 46 und 47: Heilig-Geist-Spital

Hesperidengärten S. 113, E 3

Auch jenseits der Stadtmauern gibt es in Nürnberg reizvolle Ecken und Winkel zu entdecken. Der wohl sehenswerteste Nürnberger Stadtteil ist der traditionsreiche Vorort **St. Johannis**, der für seine Hesperidengärten und den stimmungsvollen historischen **Johannisfriedhof** berühmt ist. Die noch erhaltenen Hesperidengärten zeugen vom barocken Hang des Nürnberger Bürgertums zur Repräsentation. Vornehme Familien pflanzten und züchteten in ihren mit Statuen verzierten Gärten bis zu 93 verschiedene Arten von Zitruspflanzen. Bis auf wenige Ausnahmen sind die Gärten, die sich von der Johannisstraße hinunter zur Hallerwiese erstreckten, heute aus dem Stadtbild verschwunden.

Der Aufbau der schmalen, aber bis zu 100 m langen Gärten erfolgte nach dem gleichen Schema. Zur Straße hin stand das traufseitige Wohnhaus, das zusammen mit den Stallungen und Nebengebäuden einen Innenhof bildete, der den fließenden Übergang zum Garten darstellte, der wiederum durch Alleen, Springbrunnen und Terrassen aufgelockert wurde. »Dekoriert« wurden die Gärten durch steinerne Bänke und Tische

sowie barocke Skulpturen. Den Abschluss zur Pegnitz hin bildete in den meisten Fällen ein Gartenhaus.
Johannisstraße; Straßenbahnlinie 6: Hallertor; der Hesperidengarten in der Johannisstr. 13 ist ganzjährig geöffnet, der Hesperidengarten in der Johannisstr. 47 nur von April–Okt.

Irrhain

→ S. 113, nördl. D 1

Einen halben Kilometer östlich der **Wehrkirche** von Kraftshof steht am Anfang eines Waldstücks ein barockes **Portal** mit der Inschrift »Irrhain« und mehreren Jahreszahlen. Es handelt sich dabei nicht etwa um den Eingang zu einem Irrgarten, sondern um die historische Begegnungsstätte der »Pegnitzschäfer« des **Pegnesischen Blumenordens**, die sich hier zum literarischen Stelldichein trafen. Der 1644 gegründete Dichterbund, der bis heute fortbesteht, hat sich der Pflege der deutschen Sprache und Dichtkunst verschrieben. Wer durch den Wald streift, kann noch mehrere Gedenktafeln sowie einen klassizistischen Obelisken entdecken, der Christoph Martin Wieland gewidmet ist.
Kraftshof; Bus 31: Kraftshof

Johannisfriedhof

→ S. 113, D 2/3

Der aus einem Pestfriedhof hervorgegangene Johannisfriedhof zählt zu den künstlerisch und kulturgeschichtlich bedeutendsten Friedhöfen Europas. Er entstand 1518 infolge eines Ratsbeschlusses, der Bestattungen innerhalb der Stadtmauern untersagte. So berühmte Persönlichkeiten wie Albrecht Dürer, Veit Stoß, Adam Kraft, Willibald Pirckheimer und Ludwig Feuerbach fanden hier ihre letzte Ruhestätte.

Die Epitaphien, die die schlichten und nach Osten ausgerichteten Sandsteingrabmäler zieren, sind ein wahres Bilderbuch der Sozialgeschichte. Die Inschriften und Wappen künden von der gesellschaftlichen Stellung des Toten, erzählen von seinem Beruf, seinen Kindern und der Zahl seiner Ehefrauen, die er überlebt hat. Die einschiffige spätgotische **Johanniskirche** diente einst als Pfarrkirche und ist eine der wenigen Kirchen, die im Zweiten Weltkrieg nicht beschädigt wurden. Mitten im Friedhof steht mit der **Holzschuherkapelle** noch ein weiterer Sakralbau, der in Form eines runden Zentralbaus errichtet wurde.

Mit den Hesperidengärten in St. Johannis holten sich wohlhabende Bürger einen Hauch südländischer Kultur in den heimischen Garten und pflanzten sogar Zitrusfrüchte an.

Die Details der Grabmäler auf dem Johannisfriedhof (→ S. 53) muten mitunter makaber an.

Johannisstraße/Ecke Lindengasse; Straßenbahnlinie 6: Brückenstraße; April–Sept. 7–19, im Winter 8–17 Uhr

Kettensteg
S. 113, E 3

Wie kaum eine andere Stadt wurde Nürnberg zu einer wichtigen Keimzelle der Industrialisierung in Deutschland. Schon Jahre vor der historischen Fahrt der ersten Eisenbahn errichtete der Mechaniker Johann Georg Kuppler 1824 mit dem Kettensteg die **erste frei schwebende Brücke** Deutschlands. Aus Sicherheitsgründen wurde die Brücke allerdings 1930 durch seitliche Eisenträger versteift und mit Holzpfeilern abgestützt.

Straßenbahnlinie 4 und 6: Hallertor

Kleinweidenmühle
S. 112, C 3

Nur ein kurzer Spaziergang ist es von der Altstadt flussabwärts entlang der Pegnitz zur Kleinweidenmühle. Das verträumte Ensemble erinnert noch an die einst bedeutendste Papiermühle der Stadt. Bei dem schmucken Fachwerkbau mit dem vorgelagerten Treppenturm handelt es sich um das ehemalige **Gesindehaus.** Eine Fußgängerbrücke führt zur Großweidenmühle und den direkt angrenzenden Stadtteil St. Johannis.

Straßenbahnlinie 4 und 6: Hallertor

Kraftshof
S. 113, nördl. D 1

Die **Wehrkirche** in Kraftshof gehört zu den am besten erhaltenen Wehrkirchen in Franken. Drohte Gefahr, verschanzte sich die gesamte Dorfbevölkerung hinter den bis zu 8 m hohen Mauern, wobei auch das Vieh Platz fand. Im Zentrum der aus dem 15. Jh. stammenden Anlage steht die dem hl. Georg geweihte **Chorturmkirche.** Idyllisch ist der von einer fünfeckigen, teilweise begehbaren Wehrmauer eingeschlossene **Dorffriedhof.** Auf den Grabsteinen prangen mehrere schön gearbeitete Epitaphien. Der südöstliche Turm diente der Patrizierfamilie Kreß als Gruftkapelle.

Bus 31: Kraftshof

Lorenzkirche → S. 113, F 4

Die Lorenzkirche zählt fraglos zu den schönsten und größten gotischen Kirchen Süddeutschlands. Mehr noch als die im Krieg stark beschädigte Sebalduskirche vermittelt die Lorenzkirche eine Vorstellung von ihrer mittelalterlichen Wirkung. Da Nürnberg nach der Reformation keinen Bildersturm erlebt hatte, sind viele Altäre und Kunstwerke erhalten geblieben. Eindrucksvoll ist vor allem die steinerne **Rosette** an der Westfassade. Zu den herausragendsten Kunstwerken im Inneren der Kirche gehören das 18 m hohe Sakramentshäuschen von Adam Kraft sowie der Engelsgruß, den Veit Stoß kurz vor der Reformation aus Lindenholz geschnitzt hat.

Die Lorenzkirche ist eine Art Pendant zur Sebalduskirche. Mit einem Abstand von zwei, drei Generationen orientierte man sich an der älteren Sebalduskirche, ahmte die Doppelturmfassade genauso wie den hoch gebuckelten Chor nach, um aber das Vorbild beim Bau der Fassade zu übertreffen. Während die Sebalduskirche einen kleinen Westchor hat, protzt die Lorenzkirche mit einer reich ornamentierten Westfassade, deren optischer Fixpunkt die an ein rotierendes Rad erinnernde Rosette ist.

Die Kirche ging aus einer bescheidenen Kapelle der südlichen Altstadt hervor, die aber für den wachsenden Stadtteil zu klein wurde. In der zweiten Hälfte des 13. Jh. entschloss man sich zu einem Neubau. Das düstere Langhaus mit seinen Spitzbogenarkaden und dem Kreuzrippengewölbe hatte sich noch nicht völlig von den spätromanischen Bautraditionen gelöst. Doch das reiche Bürgertum strebte nach einem repräsentativeren Gotteshaus, und so wurden erst die Außenwände der Seitenschiffe verschoben, um Platz für Privatkapellen zu schaffen, dann erfolgte der Bau der Schaufassade, deren Doppeltürme das Westportal sowie die mehr als 10 m breite Rosette einrahmen. Die unbekannten Baumeister orientierten sich wohl an den nordfranzösischen Kathedralen, da es für so einen Bau in Franken keine Vorbilder gab.

Der Anblick ist vor allem beeindruckend, wenn man sich der Kirche von der Karolinenstraße her nähert, schließlich war die Westfassade als Schlusspunkt dieser Straßenflucht entworfen worden, der durch ein langsames Zurückweichen der Häuserfronten noch gesteigert wurde. Die Fertigstellung der beiden über 80 m hohen Türme dürfte um 1400 erfolgt sein. In der Mitte des 15. Jh. wurde dann der alte Chor abgebrochen und durch einen lichtdurchfluteten spätgotischen Hallenchor ersetzt, dessen Raumwirkung durch die reich verzierten Glasfenster und ein verzweigtes Steinrippennetz unterstrichen wird.

Inmitten des Chorraums scheint der **Engelsgruß** frei im Raum zu schweben. Das 1517/1518 von Veit Stoß aus Lindenholz geschnitzte Werk zeigt Maria und den Erzengel Gabriel im Moment der Verkündigung. Umrahmt sind die überlebensgroßen Fi-

Die reich geschmückte Westfassade der gotischen Lorenzkirche erinnert mit ihrer Rosette an nordfranzösische Kathedralen.

guren von einem ovalen Kranz aus 50 vergoldeten Rosen. Das von dem Patrizier Anton Tucher gestiftete Kunstwerk ist ein Beispiel für die Marienverehrung, die in den Jahren vor der Reformation auch in Nürnberg großen Zuspruch gefunden hatte.

Das zweite Meisterwerk, das es in der Lorenzkirche zu bewundern gilt, ist das **Sakramentshäuschen** von Adam Kraft; es wird zu Recht als eine der faszinierendsten Schöpfungen der spätmittelalterlichen Steinmetzkunst gerühmt. Von einer filigranen Brüstung eingefasst, schraubt sich das Sakramentshäuschen über 18 m in die Höhe, wobei sich die Spitze dem Gewölbe anschmiegend nach vorne neigt. Zu Füßen des Sakramentshäuschens kniet der bärtige Meister mit Meißel und Knüppel, flankiert von zwei Gesellen. Im Chorumgang befinden sich mehrere Nebenaltäre, unter denen der **Decorusaltar** von 1437 herausragt; er bewahrt die Reliquien des Beichtvaters Karl des Großen. Zudem birgt die Lorenzkirche bedeutende Glasgemälde, Reliefs sowie Epitaphien und Totenschilde, die an patrizische Wohltäter erinnern.

U-Bahn 1: Lorenzkirche; www.lorenzkirche.de; Mo–Sa 9–17, So 13–16 Uhr

Marthakirche → S. 113, F 4

Die Kirche ist von der Straße ein Stück zurückversetzt und von einer Häuserzeile verdeckt, sodass man sie leicht übersehen kann. Ursprünglich gehörte die Marthakirche zu einem gleichnamigen Pilgerspital. Da das spätgotische Gotteshaus jahrhundertelang auch profanen Zwecken diente, so beispielsweise als Singschule der Meistersinger, ist ihre ursprüngliche Ausstattung verloren gegangen. Ein kunsthistorisches Kleinod sind die original erhaltenen **Glasfenster**; sie stammen aus dem späten 14. Jh. und sind die ältesten Nürnbergs. Als ikonografisch besonders wertvoll gilt die Darstellung des Jüngsten Gerichts.

Königstr. 75; U-Bahn: Hauptbahnhof; Mo 10–14, Do 10–16 Uhr

Mauthalle → S. 113, F 4

Die Mauthalle gehört zu den großen **Kornhäusern**, die nicht nur die Versorgung der Bevölkerung im Falle einer Belagerung oder bei Ernteausfällen sicherten, sondern gleichzeitig

Eine Seltenheit in der bildenden Kunst des Mittelalters: Zu Füßen des Sakramentshäuschens in der Lorenzkirche (→ S. 55) hat sich der Meister Adam Kraft selbst verewigt.

die städtebauliche Einheit des Nürnberger Stadtbildes bis hinauf zur Burg unterstrichen. Die mächtigen Kornhäuser mit ihren mehrstöckigen Dachstühlen und großräumigen Schüttboden symbolisierten den Reichtum Nürnbergs und sind mit ihrem Monumentalcharakter mit den Frankfurter Bankhochhäusern vergleichbar.

Wie viele andere Bauten aus jener Zeit ist auch die Mauthalle von 1498 bis 1502 während der Amtszeit des Nürnberger Stadtbaumeisters Hans Beheim d. Ä. auf einem zugeschütteten Wallgraben errichtet worden. Mit einer Länge von 84 m und einer Höhe von 29 m war die Mauthalle einer der größten Profanbauten Deutschlands. Trotz seiner Dimension ist das Kornhaus ein filigranes Gebäude, das von den architektonischen Fähigkeiten des berühmtesten Nürnberger Stadtbaumeisters zeugt.

Der Name »Mauthalle« geht auf das reichsstädtische Zoll- und Waagamt zurück, das hier ab 1572 untergebracht war. Der imposante Gewölbekeller mit seinem Kreuzgewölbe und den mächtigen Pfeilern wurde schon immer gastronomisch genutzt und ist daher zugänglich. Durch Ladeneinbauten wurde das Erdgeschoss gegen Ende des 19. Jh. umgestaltet.

Hallplatz; U-Bahn 1: Lorenzkirche

Nassauer Haus → S. 113, F 4

Das schräg gegenüber der Lorenzkirche stehende Nassauer Haus ist das einzige erhaltene Beispiel eines **mittelalterlichen Wohnturms** in Nürnberg. Diese auch als Geschlechtertürme bezeichneten Bauten waren trotz ihres wehrhaften Charakters vor allem ein Statussymbol mächtiger Patrizierfamilien. Das Nassauer Haus war ursprünglich ein romanischer Bau, doch wurde der Wohnturm im Spätmittelalter im gotischen Stil umgebaut. Die Obergeschosse wie auch das Chörlein stammen aus der Mitte des 15. Jh. Damals wurde auch das wappenverzierte Dachgeschoss mit den Ecktürmchen und seiner umlaufenden Galerie errichtet. Die Obergeschosse sind nicht zugänglich, im Erdgeschoss befindet sich ein Geschäft, während das Kellergewölbe eine zünftige Gaststätte beherbergt.

Karolinenstr. 2; U-Bahn 1: Lorenzkirche

Rathaus → S. 113, F 3

Nicht die Burg, sondern das Rathaus war die Visitenkarte einer Freien Reichsstadt und für das Selbstverständnis ihrer Bürger enorm wichtig. So ist auch das Nürnberger Rathaus ein repräsentativer Prachtbau, der die Bedeutung und den Machtanspruch der Stadt unterstreichen sollte.

Das Nürnberger Rathaus wurde wenige Jahre vor dem Dreißigjährigen Krieg errichtet, also in einer Epoche, die als letzte Glanzzeit der Reichsstadt gilt. Nie zuvor lebten mehr Menschen in Nürnberg, die Stadt prosperierte wirtschaftlich und spielte gewissermaßen in der europäischen Champions League. Entsprechend eindrucksvoll fiel der Neubau des Rathauses aus. Als Architekt fungierte Jakob Wolff d. J., der bei seinem Entwurf auch Teile des Vorgängerbaus, darunter einen gotischen Saal, integrierte und sich ansonsten an italienischen Vorbildern und dem Augsburger Rathaus von Elias Holl orientierte.

Vor allem die im Spätrenaissancestil ausgeführte Westfassade mit ihrem opulenten Figurenschmuck weckt Erinnerungen an römische Stadtpaläste, wenngleich die Dachpavillons ihre Nähe zur französischen Schlossarchitektur nicht verleugnen können. Eindrucksvoll künden die drei von Allegorien geschmückten **Portale** vom Selbstbewusstsein der Reichsstadt. Während das mittlere Portal daran gemahnt, dass sich Nürnberg der Gerechtigkeit und der Wahrheit verpflichtet fühlt, so sind auf den äußeren Portalen die Herrscher der vier Weltreiche (Assyrisches, Babylonisches, Griechisches und Römisches) zu erkennen.

Tafeln an 23 Stellen informieren auf dem ehemaligen Reichsparteitagsgelände über die Parteitage der Nationalsozialisten.

Im Innenbereich gefällt eine mächtige Eingangshalle, die zum Großen Hof führt, in dem sich ein **Renaissancebrunnen** von Pankraz Labenwolf befindet. Leider ist die Ausstattung durch Kriegsschäden weitgehend vernichtet worden. Zu den älteren Gebäudeteilen gehören die sich im Untergeschoss befindlichen **Lochgefängnisse** (→ S. 39) sowie der **Große Rathaussaal**, der noch von einem zwischen 1332 und 1340 errichteten Vorgängerbau stammt.

Der mehr als 40 m lange Saal, der später mit einer prachtvollen Holztonnendecke ausgestattet wurde, galt damals als größter profaner Saalbau nördlich der Alpen – ein stolzes Sinnbild für den Glanz der Reichsstadt. Hier fanden die Gerichtssitzungen und großen Empfänge statt, darunter auch von April 1649 bis Juli 1650 der Friedensexekutionskongress zum Abschluss des Dreißigjährigen Krieges. Auch der Rathaussaal blieb leider von den Kriegszerstörungen nicht verschont. Dies ist vor allem schmerzlich, weil dabei auch die Wandmalereien von Albrecht Dürer unwiederbringlich verloren gegangen sind.

Rathausplatz; Bus 36: Hauptmarkt

(Ehemaliges) Reichsparteitagsgelände ⇢ S. 118, C 14

Mit den gigantischen Ruinen des ehemaligen Reichsparteitagsgeländes trat Nürnberg nach dem Zweiten Weltkrieg ein schweres Erbe an. Das im Südosten der Stadt gelegene Areal, das mehr als zwei Dutzend Quadratkilometer umfasste, war zu groß, um es einfach auszublenden. Vor allem die **Kongresshalle** und das **Zeppelinfeld** sind aufgrund ihrer Dimensionen ein eindrucksvolles Beispiel für den nationalsozialistischen Größenwahn. Das weitläufige Areal lässt sich am besten auf einem ausgedehnten Spaziergang erkunden (→ S. 84), wobei ein Besuch des **Dokumentationszentrums Reichsparteitagsgelände** (→ S. 68) nicht versäumt werden sollte.

Am Großen Dutzendteich; Straßenbahnlinie 6 und 9: Doku-Zentrum

Schöner Brunnen ⇢ S. 113, E/F 3

An der nordwestlichen Ecke des Hauptmarkts erhebt sich der Schöne Brunnen. Gegen Ende des 14. Jh. errichtet, wurde er wegen seiner Vergoldung und bunten Bemalung schon bald als »schön« bezeichnet. Je nach Standort verbinden sich die Blicklinien zum Chor der Sebalduskirche und der Burg oder zur Frauenkirche. Nachdem das gotische Sandsteinoriginal stark verwittert war (Reste sind im Germanischen Nationalmuseum ausgestellt), wurde der Brunnen zu Beginn des 20. Jh. durch eine Kopie aus Muschelkalk ersetzt.

Die an eine gotische Kirchturmspitze erinnernde **Brunnenpyramide** besitzt ein reiches ikonografisches Programm, das die Menschen des Mittelalters wie ein Bilderbuch lesen konnten. Der oberste Figurenzyklus mit Moses und den sieben Propheten fordert, die göttliche Ordnung einzuhalten, darunter gruppieren sich die sieben Kurfürsten mit den neun Helden (Hektor, Cäsar, Karl der Große etc.) als Symbol für weltliche Gerechtigkeit. Auf den Sockeln am Beckenrand finden sich die Allegorien der Philosophie und der freien Künste sowie die vier Kirchenväter (Ambrosius, Hieronymus, Augustinus und Gregorius) und die vier Evangelisten.

Das oktogonale **Brunnenbecken** ist von einem schmiedeeisernen Gitter mit Rautenmuster samt Arabesken und Blattranken umgeben, das im Jahre 1587 von dem Augsburger Schlosser Paulus Kuhn angefertigt wurde. Es ist daher ironischerweise älter als der Brunnen selbst. Vor allem die zwei drehbaren **Ringe** faszinieren die Menschen. Der Messingring an der Südwestseite stammt noch von Kuhn, während der gegenüberliegende Eisenring erst bei der Restaurierung eingefügt wurde. Und wer am Ring dreht und an etwas Schönes denkt, dessen Wunsch soll angeblich in Erfüllung gehen.

Hauptmarkt; Bus 36: Hauptmarkt

Schuldturm S. 113, F 3

Direkt an der Pegnitz steht der Schuldturm, der zu Beginn des 14. Jh. als Teil der vorletzten Stadtummauerung die zur **Insel Schütt** weisende Ostseite der Stadt absichern sollte. Da die Stadtmauer abgetragen wurde, steht der mit vier Erkern verzierte Turm heute frei. Genau genommen handelt es sich um den **Männerschuldturm**, auch »Männereisen« genannt. In der Regel waren hier Personen inhaftiert, die ihren Zahlungsverpflichtungen nicht nachgekommen waren, wobei allerdings der Gläubiger die Kosten für die Inhaftierung übernehmen musste. Der berühmteste Insasse war der ehemalige Ratsherr Hans Stromer, der 1559 wegen Geheimnisverrats für 33 Jahre eingesperrt wurde, bis er schließlich selbst seinem Leben ein Ende machte.

Spitalbrücke; Bus 46/47: Heilig-Geist-Spital

Sebalduskirche S. 113, E/F 3

Die Sebalduskirche wurde nach dem Nürnberger Stadtheiligen Sebald benannt und ist die kulturgeschichtlich bedeutendste Kirche Nürnbergs.

Die 40 allegorischen Figuren des Schönen Brunnens repräsentieren das Weltbild des Hl. Römischen Reiches. Dahinter die Frauenkirche mit dem »Männleinlaufen«.

Mächtig ragen ihre Türme aus der Dächerlandschaft der Sebalder Altstadt. Der spätgotische Ostchor der Sebalduskirche reicht fast bis ans Hauptportal des Rathauses heran und präsentiert sich als wahres Raumwunder. Allerdings wurde er durch den Neubau des benachbarten Rathauses (→ S. 57) in seiner architektonischen Wirkung beschnitten.

Wahrscheinlich gab es bereits im 11. Jh. an dieser Stelle eine kleine Holzkapelle, die durch eine romanische Kirche ersetzt wurde. Der Legende zufolge soll sie über dem Grab eines Eremiten namens Sebald errichtet worden sein, dem man schnell einige Wunder nachsagte, was zu einer stetig wachsenden Pilgerzahl führte. Bald darauf identifizierten sich auch die Nürnberger mit ihrem Lokalheiligen, der schließlich 1425 vom Papst auch offiziell heilig gesprochen wurde. Nicht zufällig hatten Nürnberger Kaufleute die päpstliche Schatulle zuvor ein wenig aufgefüllt.

Trotz ihrer Bedeutung für Nürnberg blieb die Sebalduskirche bis zur Reformation stets nur eine einfache Bürgerkirche, die kirchenrechtlich ihrer Mutterkirche St. Peter und Paul in Poppenreuth bei Fürth und damit dem Bamberger Bistum unterstand. Kurz nach der Ernennung zur Freien Reichsstadt entschieden sich die reichen Patrizier für einen repräsentativen Neubau im Stil einer Pfeilerbasilika (1. Hälfte des 13. Jh.), von dem heute noch das relativ kurze Langhaus des dreischiffigen Mittelschiffs zeugt. Die Kirche erhielt einen Doppelchor, bei dessen Bau sich die Baumeister aus dem Ebracher Zisterzienserkloster am Bamberger Dom orientierten. Auch die Doppelturmfassade weist Ähnlichkeiten mit dem Bamberger Vorbild auf. Schon bald war die Kirche zu klein, sodass erst die romanischen Seitenschiffe abgebrochen und im gotischen Stil erweitert wurden, bevor man zwischen 1361 und 1379 den romanischen Ostchor durch einen spätgotischen Hallenchor ersetzte, der über die Hälfte der Gesamtlänge der Kirche ausmacht. Mit seinen riesigen Glasfenstern und filigranen Pfeilern, die ohne Gliederung ins Gewölbe übergehen, ist der **Ostchor** dem gotischen Streben nach Licht verpflichtet und begeistert durch seine einzigartige Raumwirkung.

Bevor man in die Kirche hineingeht, empfiehlt sich noch ein Rundgang um die Außenmauern. Unter den vier Portalen sind vor allem das **Weltgerichtsportal** am südlichen und das von einem Vorhang-Maßwerk verzierte **Brautportal** am nördlichen Seitenschiff hervorzuheben. Kunsthistorisch bedeutsam ist der **Schreyer-Landauersche Epitaph** von Adam Kraft. Das erste Monumentalwerk des begabten Bildhauers zeigt eine figurenreiche Darstellung des Passionszyklus und befindet sich schräg gegenüber dem Rathaus. Ein paar Meter weiter südlich kann man an der Fassade in luftiger Höhe eine sogenannte »Judensau« erkennen, eine im Mittelalter beliebte ikonografische Demütigung der Juden, da Schweinefleisch für sie als unrein galt.

Betritt man das Innere der Kirche, muss man vor allem die grandiose Leistung des Wiederaufbaus würdigen. Die Sebalduskirche wurde im Zweiten Weltkrieg sehr schwer beschädigt, vor allem der Chor wurde bis auf die Grundmauern zerstört, wie Fotografien in der Kirche beweisen. Durch eine behutsame Instandsetzung und Rekonstruktion blieb die einzigartige Aura des Gotteshauses weitgehend erhalten. Glücklicherweise konnten die Kunstwerke und Glasmalereien durch Auslagerung fast vollständig gerettet werden.

Das Hauptkunstwerk ist das von Peter Vischer geschaffene **Sebaldusgrab**, das im Zentrum des Ostchors steht. An der Schwelle zur Reformation schuf Peter Vischer zusammen mit seinen Söhnen von 1508 bis 1519 dieses eindrucksvolle monumentale

Renaissancegrab, das als Deutschlands bedeutendster Messingguss gilt. Die Gebeine des Nürnberger Stadtheiligen ruhen in einem Silberschrein, der bereits 1396 in der Werkstatt von Fritz Habeltzheimer entstanden ist. Der Reliquienschrein liegt auf einer Tumba, auf deren Längsseiten je zwei Reliefs die Sebalduslegende illustrieren, während an den Schmalseiten der hl. Sebald und Peter Vischer dargestellt sind. Von dem mit Schnecken und Delfinen sowie Figuren der antiken Sagenwelt verzierten Unterbau ragen acht schlanke, von den zwölf Aposteln flankierte Säulen in die Höhe und tragen einen Baldachin mit den zwölf Propheten und dem Himmlischen Jerusalem. Auf der Spitze thront das Christuskind mit der Erdkugel.

Von den weiteren Kunstwerken im Kircheninneren verdienen der **Fürst der Welt** (um 1325), dessen von Maden und Würmern zerfressener Rücken an die Vergänglichkeit des Menschen erinnert, genauso Beachtung wie die **Madonna im Strahlenkranz**, die ehedem zu einem Marienaltar gehörte. Mit der dreiteiligen **Volckamerschen Passion** aus dem Jahr 1499 und einer **Kreuzigungsgruppe** besitzt die Sebalduskirche auch zwei Werke von Veit Stoß.

Sebalder Platz; Bus 36: Hauptmarkt; www.sebalduskirche.de; Jan.–März 9.30–16, April, Mai und Mitte Sept.–Dez. 9.30–18, Juni–Mitte Sept. 9.30–20 Uhr

Sieben Zeilen ⟶ S. 113, F 3

Als eine der ersten Arbeiterwohnsiedlungen gehören die Sieben Zeilen ähnlich wie später die Augsburger Fuggerei zu den sozialgeschichtlichen Monumenten der Frühen Neuzeit. Um Nürnbergs Wirtschaftskraft zu stärken, warb der Rat der Stadt Barchentweber aus Schwaben an, denen man Wohnhäuser und Werkstätten zur Verfügung stellte. Ab 1489 begann man mit dem Bau von sieben Reihen mit je drei gleichartigen Häusern. Leider ist das einzigartige Ensemble im Krieg zerstört und durch Nachbauten ersetzt worden, die einzige erhaltene unterste Zeile fiel der Wiederaufbaueuphorie zum Opfer und wurde nach Protesten rekonstruiert.

Sieben Zeilen; Bus 47: Maxtor

Das Sebaldusgrab von Peter Vischer ist das eigentliche Highlight der Sebalduskirche (→ S. 59). Der fast fünf Meter hohe Messingguss entstand 1508 bis 1519.

Stadtmauer
→ S. 113, D/F 2–4 und S. 114, A 6–8
Das größte Nürnberger Denkmal wird oft gar nicht als solches wahrgenommen: Die gesamte Altstadt wird von einem mächtigen Befestigungsring umschlossen, der nur an wenigen Stellen aufgebrochen wurde. Von dem ursprünglich 5 km langen Wall, der ehemals von rund 120 Turmbauten bekrönt war, sind noch 3,8 km erhalten. Keine andere europäische Stadt dieser Größenordnung kann noch einen solchen Mauerring aufweisen, da diese meist, wie in Wien und Paris im 19. Jh., dem wachsenden Verkehr geopfert und durch breite Boulevards ersetzt wurden.

Die Nürnberger Stadtmauer entstand in einer über 100-jährigen Bauzeit 1350 bis 1452, wobei die Bürger zum Schanzdienst verpflichtet wurden (die reiche Oberschicht konnte sich selbstverständlich von den Arbeiten freikaufen). Im Lauf der Nürnberger Geschichte gab es mehrere Stadtmauern, die dann aber durch das stete Wachstum der Stadt erweitert werden mussten. Von der vorletzten Stadtumwallung zeugen heute nur noch der **Laufer Schlagturm**, der **Weiße Turm** sowie der **Schuldturm** und der pittoreske Abschnitt am Henkersteg. Besonders markant sind die vier runden Tortürme, wie der **Königstorturm** am Hauptbahnhof oder das **Laufer Tor** am Rathenauplatz, die den Zugang zur Stadt absicherten. Die Türme waren ursprünglich quadratisch, doch wurden sie Mitte des 16. Jh. ummantelt, damit sie auch einem Artillerieangriff besser standhalten konnten. Nur teilweise erhalten ist der bis zu 20 m breite und 12 m tiefe **Graben**, der der Mauer vorgelagert und durch weitere Fortifikationen geschützt war.

Tugendbrunnen → S. 113, F 4
Direkt vor der Lorenzkirche steht der Tugendbrunnen. Mit seinem reichen Figurenprogramm zählt der 1584 bis 1589 von dem Erzgießer **Benedikt Wurzelbauer** geschaffene Brunnen zu den schönsten der Stadt. Von einem Sandsteinbecken umrahmt, schraubt sich das an einen gotischen Turmbrunnen erinnernde Kunstwerk filigran in die Höhe. Auf der unteren Ebene sind die **Kardinaltugenden** Glaube, Liebe, Hoffnung, Tapferkeit, Mäßigkeit und Geduld mit ihren jeweiligen Attributen dargestellt, bevor sich

Die restaurierten Fachwerkhäuser in der Weißgerbergasse vermitteln einen Eindruck davon, wie die gesamte Altstadt vor den Zerstörungen des Zweiten Weltkriegs aussah.

Der Weiße Turm am Ludwigsplatz entstand wohl um das Jahr 1250 und stellt ein Relikt der früheren Stadtbefestigung dar. Die Tordurchfahrt ist heute ein U-Bahn-Eingang.

über einer Ebene mit Trompeten blasenden Putti die Gerechtigkeit samt Richtschwert und Waage erhebt.
U-Bahn 1: Lorenzkirche

Weinstadel → S. 113, E 3
Der lang gestreckte Fachwerkbau mit einem Sandsteinuntergeschoss und den Holzgalerien befindet sich in malerischer Lage direkt am Ufer der Pegnitz. Zusammen mit dem **Henkersteg** und dem **Henkerturm** gehört das Ensemble zu den wohl am meisten fotografierten Ecken der Stadt. Ursprünglich wurde das Gebäude in der Mitte des 15. Jh. als Sondersiechenhaus für Aussätzige errichtet, die sich in der Karwoche drei Tage lang in der Stadt aufhalten durften. Doch schon wenige Jahrzehnte später wurde der Bau als reichsstädtisches Weinlager genutzt. Heute ist hier ein Studentenwohnheim untergebracht.
Maxplatz; Bus 37: Weintraubengasse

Weißer Turm → S. 113, E 4
Einsam wie ein Solitär steht der Weiße Turm am Rande der Fußgängerzone. Er gehörte einst zur vorletzten Stadtbefestigung. An den Seiten kann man im Mauerwerk noch die Stellen erkennen, an denen sich einst die Stadtmauer angeschlossen hatte. Die vorgelagerte Barbakane mit den beiden Rundtürmen, die das Stadttor zusätzlich schützen sollte, ist allerdings eine Rekonstruktion aus dem Jahr 1977. Wer sich wundert, warum der Turm nicht weiß ist, dem sei gesagt, dass der Name auf einen längst verwitterten Kalkanstrich zurückgeht.
U Bahn 1: Weißer Turm

Weißgerbergasse → S. 113, E 3
Nürnbergs ehedem so berühmtes Stadtbild mit den gewundenen Gassen, den Fachwerkhäusern und Butzenscheiben hat den Bombennächten des Zweiten Weltkriegs Tribut zollen müssen. Als einer der schönsten Straßenzüge der Altstadt gilt die Weißgerbergasse mit ihren mustergültig restaurierten Fachwerkhäusern. Einst lebten hier in Pegnitznähe die Weißgerber, die vor allem kostbare Felle bearbeiteten. Heute haben sich in der Gasse kleine Einzelhandelsgeschäfte und viele vor allem abends stark frequentierte Kneipen angesiedelt.
Bus 37: Weintraubengasse

Museen und Galerien

Die Museumslandschaft ist so vielfältig und traditionsreich wie das Germanische Nationalmuseum.

Seit dem Jahr 2000 wird die Nürnberger Museumsszene durch den spektakulären Bau des Neuen Museums (→ S. 74) bereichert. Vom Klarissenplatz lassen sich die Kunstwerke durch die große geschwungene Glasfront wie in einem Schaufenster betrachten.

Schon im späten Mittelalter war Nürnberg ein Hort der Kunst und Kultur. Albrecht Dürer, Peter Vischer und Veit Stoß haben den Ruf der Reichsstadt als Kulturmetropole begründet. Leicht nachvollziehbar, dass das **Germanische Nationalmuseum** 1852 in Nürnberg und nicht in Frankfurt seine Pforten öffnete. Die reichsstädtische Geschichte Nürnbergs wird ausführlich im Fembohaus behandelt, während sich eine Dauerausstellung im **Museum Industriekultur** mit dem Wandel beschäftigt, der Nürnberg in den verschiedenen Phasen der Industrialisierung geprägt hat. Das **Spielzeugmuseum** widmet sich der Kulturgeschichte des Spielzeugs seit der Antike, wobei auch die besondere Rolle Nürnbergs als Spielzeugstadt herausgearbeitet wird. Besondere Beachtung verdient das **Dokumentationszentrum Reichsparteitagsgelände**, mit dem sich Nürnberg in mustergültiger Weise mit seiner nationalsozialistischen Vergangenheit auseinandersetzt.

Das Germanische Nationalmuseum ist auch der Ausgangspunkt einer **Kulturmeile**, die sich entlang der Stadtmauer bis zum Krakauer Haus erstreckt. Auf dieser kurzen Meilendistanz reihen sich nicht nur weitere Museen wie das DB-Museum, das Neue Museum, die Kunsthalle und das Naturhistorische Museum aneinander, auch das Opernhaus und das Künstlerhaus K4, das Stadtarchiv und die Stadtbibliothek sowie das Multiplexkino CINECITTÀ (→ MERIAN-Tipp, S. 31) sind hier zu finden. Besonders spannend ist es, die Kulturmeile während der Blauen Nacht (→ MERIAN-Tipp, S. 35) entlangzubummeln.

Ein Tipp: Mit der **Nürnberg Card** (19 €) kann man zwei Tage lang kostenlos (fast) alle Museen in Nürnberg besuchen und die öffentlichen Verkehrsmittel zum Nulltarif nutzen. Die Take-Five-Karte beinhaltet für 19 € fünf Museumseintritte in verschiedene städtische Museen für mehrere Personen. Mit einer normalen Eintrittskarte für 5 € kann man am selben Tag so viele städtische Museen besuchen, wie man möchte. Hinweis: Das Germanische Nationalmuseum gehört allerdings nicht zu den städtischen Museen.

Museen

Albrecht-Dürer-Haus ⟶ S. 113, E 3

Nur ein kleines Stück unterhalb der Burg liegt das hübsche Fachwerkhaus von Albrecht Dürer, das er 1509 erworben und bis zu seinem Tod im April 1528 fast 20 Jahre zusammen mit seiner Frau Agnes bewohnt hatte. Die Dauerausstellung widmet sich dem Leben und Werk des wohl berühmtesten Nürnberger Bürgers, angefangen mit einem kurzen Abriss der Geschichte des Dürer-Hauses, das glücklicherweise die Zerstörungen des Zweiten Weltkrieges fast unbeschädigt überstanden hatte. Die Einrichtung ist allerdings nicht mehr erhalten, sieht man einmal von der »Alten Küche« ab, die weitgehend den Originalzustand zeigt und den einstigen Alltag vergegenwärtigt.

Im ersten Obergeschoss wird im Kinoraum die Multivisions-Schau »Albertus Durer Noricus« gezeigt sowie über Dürers Lebenswelt informiert. Die zwei spätgotischen Wanderer-Zimmer samt Butzenscheiben sind im Stil des Historismus in späterer Zeit eingebaut worden. Noch weiter oben hat man eine Malerwerkstatt sowie eine Druckerei eingerichtet. Unter dem Dach werden dann Originalgrafiken sowie Kopien bekannter Dürer-Werke präsentiert. Ein Raum ist für Wechselausstellungen reserviert.

Ein Tipp: Interessant ist eine Kostümführung, bei der »Agnes Dürer« durch das Haus geleitet und ausführlich über das Familienleben plaudert (auch als Audioführung).

Albrecht-Dürer-Str. 39; Straßenbahnlinie 4: Tiergärtnertor; www.museen.nuernberg.de/duererhaus; Di–So 10–17, Do bis 20, Juli–Sept. und im Dez. auch Mo 10–7 Uhr;

Albrecht Dürer

Noch immer leuchtet der Stern des Nürnberger Malergenies am deutschen Kunsthimmel.

Wer die »Albrecht-Dürer-Stadt« Nürnberg bereist, kann sich der Allgegenwart des großen Meisters kaum entziehen. Es gibt nicht nur eine »Albrecht-Dürer-Straße«, ein »Dürer-Gymnasium« und den »Opernball Albrecht Dürer«, es gibt Dürer-Puzzles und Dürer-Tassen. Bei besonderen Anlässen wurde schon der gesamte Hauptmarkt mit 7000 Plastikhasen in ein »Großes Hasenstück« verwandelt. Albrecht Dürer ist geradezu omnipräsent. Die Verantwortlichen der Stadt lassen keine Gelegenheit aus, um mit ihm die Werbetrommel zu rühren, und man kann fast schon darauf wetten, dass in naher Zukunft der Flughafen in »Albrecht-Dürer-Airport« umbenannt wird. Doch keine Frage: Der 1471 als Sohn eines aus Ungarn stammenden Goldschmieds geborene Dürer hat sich diese Ehre redlich verdient! Er ist weltweit der bekannteste deutsche Künstler, und nicht nur seine »Betenden Hände« gibt es in millionenfachen Reproduktionen.

Eine steile Karriere

Es ist nicht schwer, sich in Nürnberg auf Spurensuche zu begeben. Albrecht Dürer wuchs in der Sebalder Altstadt auf, ging zunächst bei seinem Vater in die Lehre, bevor er aufgrund seiner einzigartigen Begabung in die Werkstatt des Malers Michael Wolgemut wechselte. Als Geselle reiste er an den Oberrhein, um nach seiner Hochzeit mit Agnes Frey seine Studien in Italien fortzusetzen. Noch lange Zeit wohnte er in seinem Elternhaus in der Burgstraße, bevor er 1505 bis 1507 eine zweite Italienreise unternahm.

Sein Renommee wuchs, er engagierte sogar Mitarbeiter, um große Altaraufträge zu erledigen. Im Lauf seines Lebens brachte es Dürer zu einem beachtlichen Vermögen. Er führte keine weltabgewandte Künstlerexistenz, sondern verkehrte mit städtischen Honoratioren wie auch Fürsten. Im Alter von 38 Jahren erwarb er ein Wohnhaus am Tiergärtnertorplatz (→ S. 83), das von Standesbewusstsein zeugt.

In die das Erdgeschoss einnehmende Halle konnte man mit einem Gespann hineinfahren. 1509, im gleichen Jahr, in dem er das Haus erstand, wurde Dürer Genannter des Größeren Rats. Damit einher ging eine gesellschaftliche Aufwertung und die Möglichkeit politischer Einflussnahme. Nichtsdestotrotz beklagte sich Dürer, in Italien als Herr, daheim als »Schmarotzer« behandelt zu werden.

Schräg gegenüber vom Dürer-Haus steht die Bronzeskulptur »**Der Hase**«. Der Bildhauer Jürgen Goertz verstand seinen überdimensionalen Hasen, der einem Ungeheuer ähnelt, als Antwort auf die erdrückende Vorbildfunktion des berühmten Dürer-Kunstwerks. Weit traditioneller ist das **Albrecht-Dürer-Denkmal** (→ S. 45) auf dem einstigen Milchmarkt. Vorbei an der **Sebalduskirche** (→ S. 59), wo Dürer wohl getauft wurde und geheiratet hat, geht es zum **Rathaus** (→ S. 57), dessen Saal einst mit Dürers Entwürfen bemalt war. Wer Originalwerke Dürers sehen möchte, kann im **Germanischen Nationalmuseum** (→ S. 70) seine Kaiserbilder bewundern.

Pionier der Landschaftsmalerei

Immer wieder ist Dürer auch gewandert, hat die Stadtmauern hinter sich gelassen, um mit Pinsel und Wasserfarben das Umland zu erkunden. Die Aquarelle, die er von den Gärten bei St. Johannis, den Sandsteinbrüchen am Schmausenbuck oder der Drahtziehmühle gemalt hat, begründeten eine neue Form der Landschaftsmalerei. Bisweilen fuhr er sogar weit hinaus, um etwa das liebliche Tal von Kalchreuth auf Büttenpapier festzuhalten. Er wusste: »Je genauer man der Natur und dem Leben nachkommt, je besser und künstlerischer wird dein Werk.«

Am 6. April 1528 starb Dürer überraschend, vermutlich in Folge einer Malaria-Erkrankung, die er sich auf einer Hollandreise zugezogen hatte, und wurde am Johannisfriedhof (→ S. 53) begraben. Er hinterließ 70 Gemälde, ein bedeutendes grafisches Werk mit rund 100 Kupferstichen, 350 Holzschnitten und 900 Zeichnungen.

Wer will, kann die Stadt auch auf dem »Dürer-Weg« erkunden. Die audiovisuelle Führung mit Mini-Computer, die entweder am Albrecht-Dürer-Haus oder am Germanischen Nationalmuseum beginnt, kostet inklusive der Museumseintritte 12 €, erm. 8 € (Di–So 10–14.30 Uhr, 20 € Pfand; www.duerer.nuernberg.de).

Das Albrecht-Dürer-Haus am Tiergärtnertorplatz ist heute ein Museum. Rechts: Ein Ausschnitt aus Dürers »Selbstbildnis mit Landschaft« (1498).

Kostümführungen: Do 18, Di, Mi und Sa 15, So 11 Uhr (2,50 €); Eintritt 5 €, erm. 2,50 € (Tageskarte für 6 Museen)

DB-Museum ⋯> S. 113, E 4

Zwischen Nürnberg und Fürth fuhr bekanntlich 1835 die erste deutsche Eisenbahn. Es erschien daher 1899 naheliegend, hier das »**Königlich bayerische Eisenbahnmuseum**« einzurichten, das wenig später um eine Postabteilung erweitert wurde. Heute werden in zwei Fahrzeughallen die Schmuckstücke der deutschen Eisenbahngeschichte präsentiert. Kontrastreich wurde ein Modell des ICE 3 neben den Nachbau der ersten in Deutschland gefahrenen Lokomotive, den »**Adler**«, gestellt. Zu sehen sind auch die älteste erhaltene Dampflok in Deutschland, die »**Nordgau**«, sowie der Salonwagen des Reichskanzlers Otto von Bismarck und zwei Wagen aus dem Hofzug des bayerischen Märchenkönigs Ludwig II.

In der Dauerausstellung werden die verschiedenen Epochen der Eisenbahngeschichte von den Anfängen bis in die Gegenwart hinein anschaulich vorgestellt. Unter dem Titel »Ein Jahrhundert unter Dampf« wird gezeigt, wie sehr die Eisenbahn als Massentransportmittel das Industriezeitalter geprägt und die Verstädterung Deutschlands gefördert hat. In der Abteilung »Die Reichsbahn in Weimarer Republik und Nationalsozialismus 1920–1945« werden neben der Umwandlung in einen Staatsbetrieb auch die Schattenseiten der Eisenbahngeschichte thematisiert, schließlich wären ohne die Reichsbahn weder die Vernichtungskriege in Osteuropa noch die Judendeportationen möglich gewesen. Gegen Ende des Zweiten Weltkrieges wurde dann das Schienennetz zum Angriffsziel der alliierten Luftangriffe. Nach Kriegsende nahmen im geteilten Deutschland Reichsbahn und Bundesbahn eine sehr unterschiedliche Entwicklung; sie waren gewissermaßen auf »getrennten Gleisen« unterwegs. Neben unterschiedlichen Fahrzeugentwicklungen spielten in der Bundesrepublik die Themen »Gastarbeiter« und Tourismus eine große Rolle.

Eine eigene Ausstellung ist der »**Geschichte der Bahnhöfe**« gewidmet. Diese Kathedralen des 19. Jh. waren mit ihrer exponierten Funktion gewissermaßen die städtische Visitenkarte. Die Bahnhöfe spiegelten mit prunkvollen Warte- und Speisesälen das ganze soziale Spektrum der Reisekultur wider, das auf der anderen Seite bis zu den Suppenküchen der Bahnhofsmissionen reichte.

In einer eigenen »**Erlebniswelt**« haben junge Besucher die Möglichkeit, sich auf spielerische Weise mit der Eisenbahntechnik vertraut zu machen, so am Fahrsimulator oder bei einer imaginären Mitfahrt auf dem Führerstand. Dioramen zeigen die Veränderungen von Stadt und Landschaft durch die Eisenbahn, und eine liebevoll gestaltete Modellbahnanlage mit einer Gleislänge von 500 m lässt nicht nur Kinderherzen höher schlagen. Stündlich ab 9.30 Uhr werden hier 30 Züge auf die Reise geschickt. Und ein Spielzimmer mit einer Holzeisenbahn gibt es auch noch.

Angegliedert ist dem DB-Museum noch das **Museum für Post und Kommunikation**, das die Geschichte des deutschen Postwesens erläutert.

Lessingstr. 6; U-Bahn 2: Opernhaus; www.dbmuseum.de; Di–Fr 9–17, Sa, So 10–18 Uhr; Eintritt 4 €, erm. 3 €

Dokumentationszentrum Reichsparteitagsgelände ⋯> S. 118, C 14

Mit den gigantischen Ruinen des ehemaligen Reichsparteitagsgeländes (→ S. 58) trat Nürnberg nach dem Zweiten Weltkrieg ein schweres Erbe an. Das Areal, das mehr als zwei Dutzend Quadratkilometer umfasste, war zu groß, um es einfach auszublenden. Zwar wurden Teile wie das **Märzfeld** gesprengt und als Wohngebiet ausgewiesen, andere Bereiche zum Parkplatz oder Veranstaltungsort umfunktioniert, doch letztlich war der Schatten, den der Nationalsozialismus auf das gesamte Areal warf, zu mächtig. Ende der Neunzigerjahre war endlich die Zeit reif, um sich auch museal mit der eigenen Vergangenheit auseinanderzusetzen. Private Sponsoren, die Stadt Nürnberg, der Bund sowie der Freistaat Bayern unterstützten die Einrichtung eines Dokumentationszentrums, um die vom Nationalsozialismus ausgehende Faszination wissenschaftlich zu ergründen. Den ausgeschriebenen Wettbewerb für das **Museumsgebäude** gewann der Architekt Günther Domenig mit einem kühnen Entwurf: Dabei wurde ein Pfahl aus Glas und Stahl durch die einstige Kongresshalle getrieben und somit die nationalsozialistische Architektur aufgebrochen.

Die überaus ansprechend konzipierte **Dauerausstellung** »Faszination und Gewalt«, die sich modernster audiovisueller Medien bedient, beschreibt einen weiten historischen Bogen und beginnt beim Aufstieg der NSDAP, erzählt von der »Machtergreifung« und dem »Führer«-Mythos, bevor Nürnberg ausführlich als »Stadt der Reichsparteitage« vorgestellt wird. Anschließend wird mit Plänen und Fotos die Baugeschichte des Reichsparteitagsgeländes dokumentiert, wobei auch nicht ausgespart bleibt, dass hierfür Zwangsarbeiter rekrutiert wurden. Weitere Themen behandeln den Ablauf und die Organisation der Reichsparteitage sowie Leni Riefenstahls Filme, die zu Propagandazwecken genutzt wurden.

Eindrucksvoll wird auch der Weg in den Zweiten Weltkrieg, insbesondere der Vernichtungskrieg in der Sowjetunion geschildert. Zuletzt werden noch der deutsche Widerstand, die Nürnberger Prozesse sowie der Umgang mit dem Reichsparteitagsgelände nach 1945 thematisiert. Nicht versäumen sollte man den spektakulären Blick in den Innenhof der **Kongresshalle**, der den Besuchern den nationalsozialistischen Größenwahn nochmal eindringlich vor Augen führt.

Bayernstr. 110; Straßenbahnlinie 6 und 9: Doku-Zentrum; www.museen.nuernberg.de/dokuzentrum; Mo–Fr 9–18, Sa, So 10–18 Uhr; Eintritt 5 €, erm. 2,50 € (Tageskarte für 6 Museen)

Im Nordflügel der Kongresshalle befasst sich das Dokumentationszentrum Reichsparteitagsgelände eindringlich mit der dunklen Rolle Nürnbergs während der NS-Zeit.

Vom »Goldkegel von Ezelsdorf« bis zur »Frankfurter Küche«: Das Germanische Nationalmuseum präsentiert die wohl umfassendste Schau zur deutschen Kunst und Kultur.

Germanisches Nationalmuseum

→ S. 113, E 4

7 Einst wurden in Nürnberg die Reichskleinodien aufbewahrt, heute besitzt die Stadt mit dem Germanischen Nationalmuseum die bedeutendste Sammlung deutscher Kunst und Kultur innerhalb ihrer mächtigen Mauern. Das Spektrum reicht von der Vor- und Frühgeschichte bis zur unmittelbaren Gegenwart. Da das Museum aus mehreren miteinander verschachtelten Gebäudekomplexen besteht, ist die Orientierung nicht ganz einfach. Die vorhandene Bausubstanz wurde geschickt genutzt, sodass die mittelalterliche Abteilung in der Kirche und am Kreuzgang eines **ehemaligen Kartäuserklosters** entlang präsentiert wird. Ohne Weiteres kann man tagelang durch die Ausstellungsräume wandeln, ohne sich an den vielen Gemälden, Möbeln, Musikinstrumenten und Skulpturen sattzusehen.

Gegründet wurde das Museum 1852 von Hans Freiherr von und zu Aufseß, um die Einheit des deutschsprachigen Kulturraums zu dokumentieren. Heute beherbergt es rund 1,2 Mio. Objekte. Am Anfang bot das Kartäuserkloster noch genug Platz für die Exponate, doch wurde das Museum im Lauf der Zeit mehrfach erweitert, zuletzt durch zwei große Ausstellungshallen und einen Vortragssaal.

Vor dem Eingang des 1993 eröffneten postmodernen Erweiterungsbaus verläuft die von Dani Karavan konzipierte »**Straße der Menschenrechte**«. Auf jedem der 27 weißen Betonpfeiler ist jeweils ein Artikel der Menschenrechts-Charta eingemeißelt, die 1945 von den Vereinten Nationen verabschiedet wurde. Die begehbare Installation ist als Klage gegen die NS-Verbrechen zu verstehen, verweist aber auch auf heutige Menschenrechtsverletzungen.

Aufgrund des großen Spektrums, das der Museumsfundus abdeckt, sollte man sich vielleicht auf zwei, drei Abteilungen und die bekanntesten Exponate beschränken. Hierzu gehören der bronzezeitliche »**Goldkegel**

von Ezelsdorf«, mehrere Gemälde von Albrecht Dürer (»Idealbildnis Kaiser Karl des Großen«, »Porträt des Malers Michael Wolgemut« etc.) sowie der original erhaltene **Behaim-Globus**, der in einem eigenen Raum präsentiert wird. Behaims »Erdapfel« ist die älteste erhaltene Darstellung der Erde in Kugelgestalt und seit Langem ein Prunkstück des Museums. Der Globus entwirft ein zeitgenössisches Bild der Welt, wie man sich diese vor Kolumbus' Fahrt nach Amerika vorstellte. Doch selbst nach damaligem Kenntnisstand weist er nicht nur außerhalb Europas Fehler auf, so stimmt weder die Richtung einiger Flüsse noch der Verlauf der deutschen Küste. Paris, Rom, Lissabon oder Venedig sind hingegen richtig eingetragen.

Sehr interessant ist die jüngst neu konzipierte Ausstellung zur Vor- und Frühgeschichte, die die Besiedlung Germaniens bis zum frühen Mittelalter anschaulich schildert. Auch das Mittelalter (»Codex Aureus« aus Echternach, Glasmalereien, Holz- und Steinskulpturen, Textilien etc.) und die Kunst- und Kulturgeschichte der Frühen Neuzeit werden ausführlich gewürdigt. Zu den wertvollsten Exponaten jener Epoche gehört ein **Tafelaufsatz** in Schiffsform (»Schlüsselfelder Schiff«) ebenso wie ein **Selbstporträt Rembrandts**.

Kinder begeistern sich vor allem für die prächtigen Rüstungen, die neben Jagdwaffen und historischen Schlitten präsentiert werden, oder die Spielzeugabteilung mit ihren alten Puppenhäusern. Zu weiteren Abteilungen sind ein Münzkabinett, historische Musikinstrumente sowie eine volkskundliche Sammlung mit Trachten, Mobiliar (Bauernstuben), Hausrat und Zeugnissen von Volksfrömmigkeit zusammengefasst.

Das 20. Jh. wiederum ist mit Werken von Ernst Ludwig Kirchner, Egon Schiele, Ernst Barlach, Joseph Beuys sowie einer ansprechenden Designsammlung vertreten, zu der auch eine original rekonstruierte »Frankfurter Küche« und der Wassily-Sessel von Marcel Breuer gehören. Für Studienzwecke steht außerdem die größte Bibliothek zur deutschen Kunst- und Kulturgeschichte zur Verfügung.

Tipp: Für eine bessere Orientierung sorgt ein an den Kassen ausliegender Faltplan.

Kartäusergasse 1; U-Bahn 2: Opernhaus; www.gnm.de; Di–So 10–18, Mi bis 21 Uhr; Eintritt 6 €, erm. 4 €

Henkerhaus → S. 113, E 3

Direkt am Henkersteg befand sich in reichsstädtischer Zeit die Dienstwohnung des Nürnberger Henkers. In den historischen Räumen ist heute eine Ausstellung untergebracht, die interessante Einblicke in die Kriminalgeschichte der Frühen Neuzeit ermöglicht. Als Basis dient ein Tagebuch, das Franz Schmidt, der berühmteste Henker der Stadt, hinterlassen hat. Bewusst wurde auf die übliche Zurschaustellung von Folterwerkzeugen verzichtet, vielmehr werden Themen wie Folter und Todesstrafe behutsam in ihrem historischen Kontext erläutert.

Trödelmarkt 58; U-Bahn 1: Weißer Turm; April–Sept. Sa, So 14–18 Uhr; Eintritt 2 €, erm. 1 €

Kaiserburgmuseum → S. 113, F 3

Hoch oben über Nürnberg im Kemenaten-Bau der Kaiserburg befindet sich eine Außenstelle des Germanischen Nationalmuseums. Die Dauerausstellung informiert anhand von Ausgrabungsfunden und Modellen über die Baugeschichte und die historische Bedeutung der Kaiserburg.

Eine stattliche Waffensammlung mit historischen Sätteln, Steigbügeln, Rüstungen, Schilden und einer Sturmleiter veranschaulicht den Wandel hin zu einer Kriegsführung, die sich verstärkt auf Feuerwaffen stützte.

Burg 13; Straßenbahnlinie 4: Tiergärtnertor; April–Sept. tgl. 9–18, Okt.–März tgl. 10–16 Uhr; Eintritt 6 €, erm. 5 € (inkl. Kaiserburg)

Kunsthalle → S. 113, F 4

Die Nürnberger Kunsthalle hat keine eigene Sammlung anzubieten. Somit stehen die schönen Räumlichkeiten für anspruchsvolle Wechselausstellungen zur Verfügung. Im Mittelpunkt steht die Auseinandersetzung mit den vielfältigen Positionen der zeitgenössischen Kunst bis hin zu Videokunst und Installationen.

Lorenzer Str. 32; Straßenbahnlinie 9: Marientor; www.kunsthalle.nuernberg.de; Di–So 10–18, Mi bis 20 Uhr; Eintritt 4 €, erm. 2 €

Museum Industriekultur → S. 114, C 6

8 Wie kaum eine andere deutsche Stadt prosperierte Nürnberg im Zeitalter der Industrialisierung. Innerhalb weniger Jahrzehnte entstanden Dutzende von Werkstätten und Fabriken, deren Produkte in ganz Deutschland begehrt waren. Um diese Facette der Nürnberger Stadtgeschichte zu dokumentieren, wurde in den Achtzigerjahren in den Räumlichkeiten des einstigen Eisenwerks von Julius Tafel ein Museum für Industriekultur eingerichtet, das sich von Anfang an darauf fokussierte, die Darstellung der Technik- und Sozialgeschichte mit der Alltags- und Arbeitskultur zu verbinden.

Im Erdgeschoss dreht sich alles um das Thema **Zweiräder**, denn Nürnberg war einst führend in der Fahrrad- und Motorradproduktion. Noch heute bekannte Firmennamen wie etwa Ardie, Hercules, Maurer, Mammut, Mars, Victoria, Triumph und Zündapp produzierten einst in der Frankenmetropole. Neben einer Sammlung historischer Fahrräder samt Hochrad stehen im Motorradmuseum zahlreiche historische Fahrzeuge, darunter auch legendäre Maschinen wie die häufig mit einem Beiwagen ausgestattete KS 601 von Zündapp, die als »Grüner Elefant« berühmt wurde.

Ebenfalls im Erdgeschoss befindet sich das **Schulmuseum**, das auf einer 350 qm großen Fläche die Bedeutung von Bildung thematisiert und dabei einen Blick auf die letzten 500 Jahre Schulgeschichte wirft. Neben zahlreichen historischen Fotografien sind auch Schulordnungen, Zeugnisse und Schulhefte von Nobelpreisträgern ausgestellt, selbst eine originelle Spickzettelsammlung fehlt nicht. Ein eigenes Lern- und Spaßlabor soll die jüngsten Museumsbesu-

Zündapp-Zweiräder, Dampfmaschinen, alte Haushaltsgeräte: Das Museum Industriekultur in einem ehemaligen Eisenwerk zeigt die Entwicklung des technischen Alltags auf.

cher zur spielerischen Erkundung der rund 20 Versuchsstationen animieren.

Die eigentliche Ausstellung zur **Industriegeschichte** ist im Untergeschoss entlang einer Museumsstraße angeordnet, die von Objekten und Schwerpunkteinheiten gesäumt wird. Auf der einen Seite der Straße geben eine Gipsmühle, eine historische Bleisatzdruckerei und mehrere Dampfmaschinen, darunter ein zigtonnenschwerer Koloss der MAN aus dem Jahr 1907, Einblicke in die technische Arbeitswelt. Ein Modell des Nürnberger Kettenstegs erinnert an eine der ersten Eisenbrücken Deutschlands. Interessant ist auch ein Nachbau einer Werkstätte der Maschinenfabrik J. W. Spaeth. Der Wandel des 20. Jh. lässt sich etwa anhand historischer Fahrzeuge (Ford Modell T, VW Käfer etc.) aufzeigen. Auf der anderen Seite der Museumsstraße geben mehrere Installationen Einblick in den Alltag im Industriezeitalter. Angefangen bei einem historischen Klassenzimmer über eine Zahnarztpraxis, ein Arbeitervereinslokal sowie einen Friseursalon und einen Kolonialwarenladen, die allesamt weitgehend im Originalzustand eingebaut wurden, wird das damalige Leben anschaulich gemacht.

Auch die Unterschiede in den Wohnsituationen einer Arbeiter- und einer Bürgerfamilie werden thematisiert. Aha-Effekte stellen sich etwa beim Betrachten der Haushaltsgeräte ein, die die Technisierung und Elektrifizierung des Haushalts illustrieren.

Weitere Ausstellungseinheiten sind den Themen »Bier und Hopfen«, »Fahrradladen«, »Faszination Geschwindigkeit«, »1. FCN« oder »Volksfest« gewidmet. Zuletzt wird auch ein Ausblick in die Gegenwart und ihren Strukturwandel unternommen, der Nürnberg zu einem wichtigen Standort für Dienstleistungen, Forschung und Bildung werden ließ.

Äußere Sulzbacher Str. 60–62; Straßenbahnlinie 8: Tafelwerk; www.museen.nuernberg.de/industriekultur bzw. www.museen.nuernberg.de/schulmuseum; Di–Fr 9–17, Sa, So 10–18 Uhr; Eintritt 5 €, erm. 2,50 € (Tageskarte für 6 Museen)

Museum für Post und Kommunikation S. 113, E 4

Im selben Gebäude wie das DB-Museum (→ S. 68) untergebracht, widmet sich das Museum für Post und Kommunikation der Geschichte der Nachrichtenübermittlung in all ihren verschiedenen Facetten. Der Bogen spannt sich von dem ersten Reisen mit der Postkutsche über Telefonverbindungszentralen bis hin zu einer Briefmarkensammlung. Installationen fordern Kinder zum Mitmachen auf.

Lessingstr. 6; U-Bahn 2: Opernhaus; www.museumsstiftung.de; Di–Fr 9–17, Sa, So 10–18 Uhr; Eintritt 4 €, erm. 3 €

Museum Tucherschloss mit Hirsvogelsaal S. 113, F 3

Die Familie Tucher gehört zu den bekanntesten Patrizierfamilien, die einst die politischen und wirtschaftlichen Geschicke der Stadt bestimmten. Aus repräsentativen Gründen unterhielten die Nürnberger Patrizier zahlreiche Herrensitze auf dem Land, wo sie sich in Architektur und Lebensstil an den Gepflogenheiten des Adels orientierten. Eine Ausnahme bildete Lorenz II. Tucher, der sich 1533 bis 1544 ein **Gartenschloss** inmitten der Stadtmauern errichten ließ.

Dieses Tucherschloss ist ein sehr eindrucksvolles Beispiel für den repräsentativen Wohnstil der Frührenaissance, wenngleich das Sandsteinbauwerk auch spätgotische und romanische Architekturelemente aufweist. Während die Straßenfassade recht schlicht gehalten ist, begeistern vor allem die kreuzrippengewölbte Eingangshalle sowie der Innenhof mit seinem Treppenturm. Das Schloss diente dem sommerlichen Freizeitvergnügen sowie prächtigen Empfängen, wovon noch der Festsaal samt steinernem Kamin und einer Porträtgalerie der Familie Tucher zeugen.

Nördlich des Schlosses erstreckt sich eine **Gartenanlage**, die leicht ansteigt und in deren Mitte sich der **Hirsvogelsaal** befindet. Dieser nach seinem Auftraggeber Lienhard Hirsvogel benannte Saalbau wurde als »die strengste und schönste Schöpfung der ganzen deutschen Frührenaissance« gepriesen. Zwar wurde der Saal im Krieg zerstört, doch konnte die kostbare Innenausstattung mit ihrem Deckengemälde des Dürer-Schülers Georg Pencz, das den Sturz des Pantheon zeigt, gerettet werden.

Im Jahr 2000 erfolgte eine Rekonstruktion des Saals, wofür eigens eine »Hülle« im Garten des Tucherschlosses errichtet wurde.

Hirschelgasse 9–11; U-Bahn 2: Rathenauplatz; www.museen.nuernberg.de/tucherschloss; Mo 10–15, Do 13–17, So 10–17 Uhr; Eintritt 5 €, erm. 2,50 € (Tageskarte für 6 Museen)

Naturhistorisches Museum

→ S. 113, F 4

Das Naturhistorische Museum behandelt ein breites Spektrum von der Archäologie bis zur Völkerkunde. Neben einer Sammlung zur Vorgeschichte des Nürnberger Umlandes, die Kultplätze, Bestattungsrituale, Ackerbau und Viehzucht thematisiert, gefällt vor allem die Abteilung zur Geologie Jordaniens, die auf zahlreichen Ausgrabungen im antiken Petra basiert. Zu sehen ist unter anderem auch der farbenfrohe Nachbau eines nabatäischen **Bikliniums** (Speiseraum). Die Sektion Völkerkunde beschäftigt sich mit den menschlichen Lebensformen und dem Alltag in der Südsee, Sahara, in Westafrika, Sibirien und Costa Rica. Weitere Sammlungsschwerpunkte sind die Geologie sowie die Karst- und Höhlenkunde. Interessante Sonderausstellungen.

Marientorgraben 8; Straßenbahnlinie 9: Marientor; www.naturhistorischesmuseumnuernberg.de; tgl. außer Sa 10–17, Mo und Fr bis 21 Uhr; Eintritt 2,50 €, erm. 1,50 €

Neues Museum (Staatliches Museum für Kunst und Design)

→ S. 113, F 4

Keine Frage: Der architektonische Höhepunkt der Nürnberger Museumslandschaft ist das Staatliche Museum für Kunst und Design, im Volksmund schlicht Neues Museum genannt. Schon der erste Eindruck begeistert: Die geschwungene, etwa 100 m lange **Glasfront** des Gebäudes hebt mit ihrer transparenten Leichtigkeit die Wucht der Stadtmauern auf, sodass der vorgelagerte Klarissenplatz ein fast mediterranes Flair ausstrahlt. Der Architekt Volker Staab hat mit den mittelalterlichen Bautraditionen gebrochen und einen spröden Bau, dessen Treppenspirale unweigerlich die Blicke auf sich zieht, für die Moderne Kunst geschaffen.

Wie hinter einem gläsernen Vorhang präsentieren sich nun sechs der 20 Sammlungsräume. Gerade nachts, wenn die Säle hell erleuchtet sind, strahlt die Kunst weit in den öffentlichen Raum hinein. Die Stadtväter sind stolz auf ihren neuen Kunsttempel und würdigten Volker Staab, indem sie ihm im Jahr 2000 den Kulturpreis der Stadt Nürnberg verliehen.

Wie der Name des Museums bereits andeutet, wurden hier zwei verschiedene Sammlungen miteinander vereint: zum einen die von der Stadt Nürnberg und privaten Stiftungen zusammengetragene Kollektion internationaler zeitgenössischer Kunst, zum anderen eine Designsammlung, die aus den Beständen des Staatlichen Museums für angewandte Kunst und Design der Münchener Pinakothek der Moderne hervorging.

Die **Kunstsammlung** stellt sich den vielfältigen Positionen und Tendenzen der Modernen Kunst seit den Sechzigerjahren und spannt einen Bogen von der Malerei über Fotografie und Videokunst bis hin zu Plastik und Installationen. Einen Schwerpunkt der Kollektion bilden die Werkensembles von Thomas Ruff, Günter Fruhtrunk, Horst Antes, Gotthard

Graubner, François Morellet, Bridget Riley und Nam June Paik.

Seit einer Umgestaltung werden die Kunstwerke in einer engeren thematischen Verflechtung mit der **Designsammlung** präsentiert. Eigene Räume sind beispielsweise den Themen »Hommage an Ettore Sottsas«, »Das Prinzip Readymade«, »Freischwinger« und »Young Designers/ Fresh Ideas« gewidmet. Hinzu kommen jährlich drei bis vier Wechselausstellungen, für die ein ca. 700 qm großer Raum zur Verfügung steht.

Klarissenplatz; U-Bahn 1 und 2: Hauptbahnhof; www.nmn.de; Di–Fr 10–20, Sa, So bis 18 Uhr; Eintritt 4 €, erm. 3 €, So 1 €

Schloss Neunhof → S. 113, nördl. D 1

Ein kleines Stück außerhalb der Stadt erhebt sich am südlichen Rand des gleichnamigen Dorfes das einstige Patrizierschlösschen Neunhof. Es ist ein typisches Beispiel für einen Nürnberger **Herrensitz**, den sich die Patrizierfamilie Kreß von Kressenstein auf ihren Ländereien errichten ließ. Noch heute sind die Fensterläden in den Stadtfarben rot und weiß gestrichen. Das gegenwärtige Aussehen des Schlosses, das von einem Zwinger und einem Wassergraben samt Zugbrücke umgeben ist, datiert ins späte 15. Jh. Während die Untergeschosse aus massiven Sandsteinquadern bestehen, wurden die oberen Stockwerke als Fachwerkbau ausgeführt.

Lange Zeit als Jagdschloss genutzt, ist der hervorragend erhaltene Herrensitz heute eine Außenstelle des Germanischen Nationalmuseums. Sehenswert sind die original erhaltene Inneneinrichtung samt **Koch-** und **Prangküche** sowie die barocke **Hauskapelle**. Einladend ist auch der großzügige **Garten**, der das Schloss umgibt und mit seinen Rasenquadraten, Ligusterhecken und einer Lindenallee im Stil des Frühbarocks angelegt wurde, wobei auch ein paar groteske Zwergenfiguren nicht fehlen.

Neunhofer Schlossplatz 1–3; Bus 31: Neunhof; www.gnm.de/dependancen.html; Ostern–Sept. Sa, So 10–17 Uhr; Eintritt 2 €, erm. 1,50 €

In der Frühen Neuzeit waren einige Nürnberger Patrizierfamilien zu beachtlichem Wohlstand gekommen. Das Museum Tucherschloss (→ S. 73) gibt Einblick in ihre Lebenswelt.

Auch ältere Besucher des Spielzeugmuseums (→ S. 39) haben wohl nicht mehr mit einer Puppenstube wie dieser gespielt, doch manches Exponat wird Erinnerungen wecken …

Memorium Nürnberger Prozesse (Schwurgerichtssaal 600)

⇢ S. 112, B 3

Um die historische Bedeutung der Nürnberger Prozesse zu würdigen, wurde im Dachgeschoss des Nürnberger Justizgebäudes direkt über dem **Schwurgerichtssaal 600** eine Erinnerungsstätte eingerichtet. Hier fanden von 1945 bis 1949 die Prozesse gegen die Hauptkriegsverbrecher sowie die zwölf Nachfolgeprozesse statt. In der Ausstellung wird der Internationale Militärgerichtshof genauso ausführlich vorgestellt wie die Angeklagten und die ihnen zur Last gelegten Verbrechen. Texttafeln sowie Film- und Tonmaterial vermitteln einen lebendigen Eindruck vom damaligen Prozessgeschehen, das mit zwölf Todesurteilen endete.

Ein weiteres Thema der Ausstellung sind die Nachfolgeprozesse gegen 177 führende Vertreter aus Wirtschaft, Justiz, Ärzteschaft und Militärverwaltung, von denen 18 Angeklagte hingerichtet wurden. Hinweis: Der Schwurgerichtssaal 600 selbst kann nur an verhandlungsfreien Tagen besichtigt werden, da er noch heute von der Nürnberger Justiz genutzt wird.

Fürther Str. 110; U-Bahn 1: Bärenschanze; www.museen.nuernberg.de/prozesse; ab Anfang 2010 geöffnet; Eintritt 2,50 €, erm. 1,25 €

Spielzeugmuseum ⇢ S. 113, E 3

→ MERIAN-Tipp, Familientipps, S. 39

Stadtmuseum Fembohaus

⇢ S. 113, F 3

Einen eleganten Abriss der Stadtgeschichte und Einblicke in die reichsstädtische Wohnkultur vermittelt das Fembohaus, das mit seiner prachtvollen **Renaissancefassade** ein Blickfang auf dem Weg zur Kaiserburg ist. In dem repräsentativen **Kaufmanns-**

haus, dessen Name auf einen späteren Besitzer zurückgeht, wird der Besucher auf abwechslungsreiche Weise durch die mehr als 950-jährige Geschichte Nürnbergs geführt.

Mit dem Aufzug geht es in das Dachgeschoss, wo ein maßstabsgetreues hölzernes Stadtmodell (1:500) steht. In einer Licht- und Toninszenierung werden im Rahmen eines virtuellen Stadtspaziergangs zwölf markante Bauwerke vorgestellt, anschließend beginnt die Zeitreise durch die Stadtgeschichte.

Als mittelalterliche Kaiserstadt wird Nürnberg im dritten Stockwerk präsentiert, wobei auch ein Faksimile der berühmten Sigena-Urkunde (1050) nicht fehlen darf, in der Nürnberg erstmals erwähnt wurde. Weitere Räume widmen sich Nürnbergs Aufstieg zur bedeutenden Handels- und Gewerbestadt, aber auch die enge Bindung zum Kaiserhaus und die oligarchische Führung durch den von den Patriziern dominierten Rat werden anschaulich dokumentiert.

Vom pompösen Lebensstil des gehobenen Bürgertums kündet eindrucksvoll das »Schöne Zimmer« mit der prächtigen **Kassettendecke** und seiner **Wandvertäfelung** im zweiten Stockwerk. Glücklicherweise konnte es rechtzeitig aus dem zerstörten Pellerhaus gerettet werden. Im Zeitalter der Reformation bekannte sich Nürnberg zum Protestantismus, die Wirren des Dreißigjährigen Krieges folgten. Den bewegenden Moment des 1649 in Nürnberg abgehaltenen Friedensexekutionskongresses hält Joachim von Sandrarts großformatiges Gemälde »Das Friedensmahl« fest, das in einem eigenen Raum ausgestellt ist. Einschneidende Veränderungen erlebte Nürnberg durch den Verlust seiner reichsstädtischen Selbstständigkeit, die mit der Degradierung zur bayerischen Provinzstadt einherging.

Zudem wird im ersten Stock auch der Wandel angesprochen, den die Industrialisierung im Stadtbild bewirkt hat. Anschließend kann man sich anhand eines Gipsmodells ein Bild von den Zerstörungen durch die alliierten Bombenangriffe machen. Fotografien und Filme thematisieren Nürnbergs unrühmliche Rolle während des Nationalsozialismus.

In einem Kinosaal im Erdgeschoss wirft die Multivisionsschau »Noricama« einen knapp einstündigen Blick auf die Geschichte der Stadt Nürnberg, wobei berühmte Persönlichkeiten wie Friedrich Barbarossa, Albrecht Dürer, Hans Sachs und Elsbeth Tucher über das damalige Leben berichten und sich auch nicht scheuen, die gegenwärtigen Zustände mit spitzer Zunge zu kommentieren.

Burgstr. 15; Bus 36: Burgstraße; www.museen.nuernberg.de/fembohaus; Di–So 10–17, Do bis 20, Juli–Sept. sowie im Dez. auch Mo 10–17 Uhr; Eintritt 5 €, erm. 2,50 € (Tageskarte); Noricama 2 € zusätzl.

Turm der Sinne → S. 113, E 3
→ Familientipps, S. 41

Galerien

Es gibt in Nürnberg mehrere privat geführte Galerien, die in ihren Räumen wechselnde Ausstellungen zeigen, in denen oft Künstlern mit regionalem Bezug ein Forum gegeben wird:

Kreis Galerie → S. 113 E 4
Kartäusergasse 14; U-Bahn 2: Opernhaus; Tel. 2 34 86 10; www.kreis-nuernberg.de

Galerie Röver → S. 112, D 3
Großweidenmühlstr. 19; Straßenbahnlinie 6: Hallerstraße; Tel. 33 68 97; www.galerie-röver.de

Galerie Sima → S. 112, D 3
Hochstr. 33; Tel. 26 34 09; U-Bahn 1: Gostenhof; www.simagalerie.de

Galerie Voigt → S. 113, E 3
Obere Wörthstr. 1; Tel. 22 65 86; U-Bahn 1: Weißer Turm; www.galerievoigt.de

Spaziergänge und Ausflüge

Ein Besuch der Kaiserburg (→ S. 45) auf dem Burgberg am nördlichen Rand der Stadtbefestigung bildet den klassischen Abschluss eines Spaziergangs durch die Altstadt.

Auf neun Spaziergängen und Ausflügen geht es zu den schönsten Ecken Nürnbergs sowie zu den Highlights der Umgebung wie der Fränkischen Schweiz und den Nachbarstädten Fürth und Erlangen.

Vom Hauptbahnhof zur Burg – Die klassische Tour durch die Altstadt

Charakteristik: Ein diagonaler Streifzug durch die gesamte Altstadt bis hinauf zur Kaiserburg; **Einkehrmöglichkeiten:** zahlreiche Cafés und Restaurants, z. B. das Lorenz (→ S. 20) und das Bratwursthäusle (→ S. 21); **Dauer:** 2–4 Std.; **Länge:** 2 km; **Karte:** ···> Umschlagkarte vorne und S. 113

Die ganz aus Muschelkalk errichtete Fassade des Nürnberger Hauptbahnhofs zieren Symbole des technischen Fortschritts.

Der Nürnberger **Hauptbahnhof**, ein wuchtiges neubarockes Gebäude aus hellem Muschelkalk, ist direkt an die Stadtmauer herangebaut, sodass man von dort ohne Umwege zur Erkundung der Altstadt aufbrechen kann.

Hauptbahnhof ···> Lorenzkirche

Durch eine unterirdische Passage geht es zum Königstor. Linker Hand erhebt sich der mächtige Königsturm mit dem dahinterliegenden **Handwerkerhof** (→ S. 51), während auf der rechten Seite die Tourist Information in einem modernen Glaskubus vor dem **Künstlerhaus K4** untergebracht ist. Dieses Kultur- und Kommunikationszentrum ging aus dem ehemaligen KOMM hervor, das bundesweit für Schlagzeilen sorgte, als hier am 5. März 1981 die größte Massenverhaftung in der Geschichte der Bundesrepublik Deutschland stattfand. Damals wurden 164 meist jugendliche Personen willkürlich festgenommen, weil am gleichen Abend bei einer Demonstration durch die Nürnberger Innenstadt mehrere Schaufensterscheiben zerschlagen worden sind.

Über die **Königstraße** gelangt man direkt zur Lorenzkirche, wobei sich noch zwei Abstecher anbieten: Durch eine schmale Gasse kann man linker Hand die Glasfassade des **Neuen Museums** (→ S. 74) entdecken. Dieses besitzt nicht nur eine interessante Sammlung aus den Bereichen Design und moderner Kunst, sondern ist auch ein architektonisch äußerst anspruchsvoller Bau. Ein wenig versteckt an der rechten Seite der Königstraße liegt auch die **Marthakirche** (→ S. 56) mit ihren schönen Glasfenstern (Hausnummer 79).

Nachdem man die **Mauthalle** (→ S. 56), ein imposantes spätmittelalterliches Kornhaus, das der Getreideversorgung der Reichsstadt diente, passiert hat, befindet man sich nicht nur in der Fußgängerzone, sondern auch in Sichtweite der **Lorenzkirche** (→ S. 55), die zu Recht als eine der schönsten und größten gotischen Kirchen Süddeutschlands gerühmt wird. Die Lorenzkirche ist das geistige Zentrum der einst vor allem von Handwerkern bewohnten Lorenzer Altstadt.

Lorenzkirche ···> Hauptmarkt

Der Platz vor der Fassade geht in die breite **Karolinenstraße** über, die schon im Mittelalter als Straßenmarkt diente und heute als die teuerste

Adresse in der Fußgängerzone gilt. Zwischen **Nassauer Haus** (→ S. 57) und dem **Tugendbrunnen** (→ S. 62) hindurch eröffnet sich ein grandioser Blick auf die Nürnberger Kaiserburg, die sich in ihrer ganzen Breite präsentiert. Ein wenig bergab geht es hinunter zur Pegnitz, die die Lorenzer von der Sebalder Altstadt trennt.

Von der Museumsbrücke ist es nur einen Steinwurf bis zu dem über einem Pegnitzarm errichteten **Heilig-Geist-Spital** (→ S. 51), anschließend führt der Weg direkt zum **Hauptmarkt** (→ S. 51), auf dem alljährlich vier Wochen lang der weltberühmte Nürnberger Christkindlesmarkt stattfindet.

Hauptmarkt ⇢ Kaiserburg

Die Ostseite des annähernd quadratischen Marktplatzes wird von der spätgotischen Fassade der **Frauenkirche** (→ S. 49) mit dem Uhrwerk, dem sogenannten »Männleinlaufen« dominiert. Täglich um 12 Uhr mittags laufen die sieben Kurfürsten um Kaiser Karl IV. herum. Sehenswert ist außerdem der an eine gotische Kirchturmspitze erinnernde **Schöne Brunnen** (→ S. 58). An der Nordseite des Hauptmarktes erhebt sich der mächtige Komplex des **Nürnberger Rathauses** mit den unterirdischen **Lochgefängnissen** (→ S. 39). Das Rathaus (→ S. 57) selbst besitzt eine imposante Spätrenaissancefassade, die mit ihren drei Portalen nicht zufällig an einen italienischen Stadtpalast erinnert. Auf der anderen Seite reicht der spätgotische Chor der **Sebalduskirche** (→ S. 59) fast bis ans Hauptportal des Rathauses heran. Wer zwischen Rathaus und Sebalduskirche den Burgberg hinaufblickt, sieht bereits die **Kaiserstallung**, eingezwängt zwischen **Fünfeckturm** und **Luginsland**, ebenso wie die Fassade des **Fembohauses**. Das prächtige Renaissancehaus birgt das **Stadtmuseum** (→ S. 76), das einen einzigartigen Einblick in die großbürgerliche Wohnkultur des Barockzeitalters gewährt.

Entlang der **Burgstraße** geht es jetzt steil hinauf zu einem mächtigen Sandsteinfelsen, der für den Bau einer Burg (→ S. 45) wie geschaffen scheint. Je nach Zeit, Lust und Laune bietet sich eine Besichtigung der **Kaiserburg** an, keineswegs versäumen sollte man den Weg zum zentralen Burghof der **Freiung**, wo man noch mal den Blick über die Nürnberger Dächerlandschaft schweifen lassen kann.

Die Freifläche des Hauptmarkts säumen zahlreiche Cafés, werktags findet hier der Wochenmarkt statt. Im Hintergrund sind die Türme der Sebalduskirche zu erkennen.

Vom Burgviertel zum Germanischen Nationalmuseum – Fachwerk pur

Charakteristik: Dieser Bummel beginnt am höchsten Punkt der Altstadt und schlängelt sich durch die Gassen hinunter bis zum Germanischen Nationalmuseum; **Einkehrmöglichkeiten:** zahlreiche Cafés und Restaurants, so das Wanderer (→ S. 22) und das Essigbrätlein (→ MERIAN-Tipp, S. 18); **Dauer:** 2–4 Std.; **Länge:** 2 km; **Karte:** ···› S. 113

Der zweite Stadtspaziergang durch Nürnberg ist gewissermaßen die Fortsetzung der ersten Stadterkundung, da er auf der **Freiung** beginnt, die für ihren herrlichen Panoramablick über Nürnberg bekannt ist.

Burg ···› Füll

Oben auf der **Burg** (→ S. 45) bietet sich die Möglichkeit, an einer Führung teilzunehmen, bei der der Palas, die romanische Doppelkapelle, der Tiefe Brunnen und der Sinwellturm besichtigt werden können. Anschließend geht es durch das Steintor der Burggrafenburg zur nördlichen Wehrmauer, wo der angebliche Hufabdruck des Raubritters Eppelein von Gailingen noch im Sandstein zu erkennen ist. Der Legende nach sprang der Ritter, kurz bevor er gehängt werden sollte, auf seinem Pferd auf die Mauer und von dort über den Graben in die Freiheit. Ein hölzernes Tor führt in den **Burggarten**, der direkt auf den Festungsbastionen angelegt wurde. Eine kleine Oase inmitten der Stadt!

Nach einem entspannten Bummel durch den Garten, bei dem man auch die eindrucksvollen Dimensionen der Befestigung betrachten kann, geht es wieder durch das Steintor der Burggrafenburg. Nun verlassen wir die Burg durch einen langen abfallenden Wehrgang, der in eine Brücke mündet, die uns auf die andere Seite des Stadtgrabens leitet. Wir umrunden die Bastionen, die die Burg nach Norden hin absicherten, um gleich

Vom Tiergärtnertorplatz am Fuße der Kaiserburg führen vier Gassen strahlenförmig den Hang hinab. In einem der umliegenden Fachwerkhäuser lebte Albrecht Dürer.

darauf wieder durch das **Tiergärtnertor** in die Altstadt hineinzugehen. Ursprünglich führte die Fernhandelsstraße nach Frankfurt direkt durch den quadratischen Torturm (13. Jh.), doch infolge des zunehmenden Verkehrs wurde im 16. Jh. direkt daneben ein neues Tor gebaut und der alte Zugang zugemauert.

Der **Tiergärtnertorplatz** gehört zu den Vierteln der Nürnberger Altstadt, 10 in denen noch zahlreiche spätmittelalterliche Fachwerkhäuser zu bewundern sind, so das schmucke spätgotische **Pilatushaus.** Direkt am Tiergärtnertorplatz, wo es auch nette Cafés und Restaurants gibt, steht auch das **Albrecht-Dürer-Haus** (→ S. 65) sowie eine moderne Bronzeskulptur, die mit Dürers Hasenmotiv spielt. Die **Bergstraße** führt zum **Albrecht-Dürer-Denkmal** (→ S. 45), neben dem sich der Eingang zu den **Felsengängen** (→ S. 48) versteckt. Die Bergstraße öffnet sich zu einem Platz, auf dem sich ehedem der Friedhof der **Sebalduskirche** (→ S. 59) befand. Rechter Hand zweigt beim Sebalder Pfarrhof mit seinem schmucken Chörlein die **Füll** (→ S. 50) ab, die zu den wenigen Kopfsteinpflastergassen gehört, die es noch in der Altstadt gibt.

Füll ⋯> Henkersteg

Am Ende der Straße geht es links ein paar Treppen zum **Weinmarkt** hinunter, von wo aus man bereits das **Spielzeugmuseum** (→ MERIAN-Tipp, S. 39) erkennen kann. Nach dem Museum biegen wir rechter Hand ab, anschließend sofort wieder links und gelangen zu dem malerischen **Weinstadel** (→ S. 63), der direkt am Ufer steht. Der als Sondersiechenhaus errichtete spätmittelalterliche Fachwerkbau beherbergt heute ein Studentenwohnheim. Hinter dem Weinstadel ist noch ein Turm (**Wasserturm**) zu sehen, der wie der bekanntere Weiße Turm noch von der vorletzten Stadtmauer zeugt. Der **Henkersteg** verbindet die Lorenzer Altstadt mit einer Pegnitzinsel, auf der auch der **Henkerturm** steht.

27 Rundpfeiler aus Beton bilden die 1993 eröffnete »Straße der Menschenrechte« am Germanischen Nationalmuseum.

Henkersteg ⋯> Germanisches Nationalmuseum

Auf dem gegenüberliegenden Pegnitzufer befindet sich das als mächtiges Kornhaus errichtete Unschlitthaus, in dessen Nachbarschaft im Jahr 1828 der rätselhafte Kaspar Hauser erstmals aufgetaucht ist. Die **Karl-Grillenberger-Straße** führt zur **Elisabethkirche** mit ihrer weithin sichtbaren Kuppel, die eines der wenigen klassizistischen Bauwerke in Nürnberg ist. Zusammen mit der **Jakobskirche** vis-à-vis gehörte sie einst dem Deutschen Orden. Wir lassen den **Weißen Turm** (→ S. 63) links liegen und gehen entlang der **Dr.-Kurt-Schumacher-Straße** zum **Germanischen Nationalmuseum** (→ S. 70), das man durch die »Straße der Menschenrechte« erreicht. Der Bildhauer Dani Karavan gestaltete diese Außenskulptur in der **Kartäusergasse**.

Kulissen der Gewalt – Über das ehemalige Reichsparteitagsgelände

Charakteristik: Ein Spaziergang über das ehemalige Reichsparteitagsgelände, dessen Ruinen noch mahnend an die nationalsozialistische Gigantomanie erinnern; **Einkehrmöglichkeiten:** Gutmann, traditionsreiche Gaststätte mit großem Biergarten direkt am Dutzendteich (Bayernstr. 150; Tel. 9 88 18 77 ●●); **Anfahrt:** Straßenbahn Linie 6 und 9: Doku-Zentrum; **Dauer:** 2 Std.; **Länge:** 4 km; **Karte:** ⇢ S. 118/119

Als »Stadt der Reichsparteitage« galt und gilt Nürnberg weltweit als ein Symbol für die nationalsozialistische Schreckensherrschaft. Die Nürnberger Reichsparteitage waren eine öffentliche Machtdemonstration, die mit Bildern und Filmen wie Leni Riefenstahls »Triumph des Willens« geschickt als Propagandainstrument in Szene gesetzt wurden. Bis zu 750 000 Teilnehmer und noch einmal rund 500 000 Zuschauer strömten zu den NS-Parteitagen nach Nürnberg.

Um für die Großveranstaltung einen geeigneten Rahmen zu schaffen, beauftragte Adolf Hitler 1934, ein Jahr nach der Machtübernahme, seinen Lieblingsarchitekten Albert Speer mit den Planungen für das Reichsparteitagsgelände. Speer, der seine Bauten als »Worte aus Stein« rühmte, entwarf ein **gigantisches Aufmarschgelände**, das durch den Ausbruch des Zweiten Weltkriegs nicht mehr vollendet werden konnte. Historiker sprechen von den »Kulissen der Gewalt«, da zu den Bauarbeiten Zwangsarbeiter und KZ-Häftlinge herangezogen worden waren. Weite Teile des ca. 20 qkm großen Areals lassen sich gut auf einem Spaziergang erkunden, wobei die vorhandenen Ruinen der

1935 erfolgte die Grundsteinlegung zur Kongresshalle am Dutzendteich. Sie wurde nie vollendet, blieb aber der größte erhaltene NS-Monumentalbau in Deutschland.

Kolossalbauten den nationalsozialistischen Machtanspruch immer noch eindrucksvoll dokumentieren. Hilfreich sind die **23 Informationstafeln** aus Edelstahl, die über das Gelände verteilt sind und Erläuterungen und historische Fotografien zeigen.

Doch vorab ein kurzer Blick auf die Geschichte der Reichsparteitage: Nürnberg war bereits 1927 und 1929 Austragungsort zweier Parteitage der NSDAP. Nach der Machtübernahme sollte es dem Wunsch Hitlers gemäß »für alle Zeiten« »Stadt der Reichsparteitage« sein. Ab 1933 wurden jeweils im Spätsommer insgesamt sechs große Parteitage abgehalten, die eine knappe Woche dauerten und denen ein Motto vorangestellt war: »Parteitag des Sieges« (1933), »Parteitag der Einheit und Stärke« (1934), »Parteitag der Freiheit« (1935), »Parteitag der Ehre« (1936), »Parteitag der Arbeit« (1937) und »Parteitag Großdeutschland« (1938). Der »Reichsparteitag des Friedens«, der am 2. September 1939 stattfinden sollte, wurde wegen des deutschen Überfalls auf Polen kurzfristig abgesagt ...

Luitpoldhain ···> Große Straße

Ausgangspunkt der Geländebegehung ist der **Luitpoldhain**, eine Parkanlage, in der eine der zentralen Veranstaltungen des Parteitags abgehalten wurde, und die einen pseudo-religiösen Charakter hatte. Am »Ehrenmal« in der Luitpoldarena gedachten die Nationalsozialisten den Gefallenen des Hitlerputsches von 1923, die zu Märtyrern stilisiert wurden. Vor den Augen von 150 000 Mitgliedern von SA, SS, NSKK und NSFK »weihte« Hitler neue Standarten und Fahnen.

Über die **Bayernstraße** geht es zur **Kongresshalle**. Das dem Kolosseum von Rom nachempfundene Gebäude sollte als Kongresszentrum Platz für 50 000 Menschen bieten. Der monumentale Ziegelbau wurde mit Granitplatten verkleidet und wäre mit einer Grundfläche von 265 x 275 m die größte Halle der Welt geworden. Durch den Kriegsausbruch wurde sie aber nie fertiggestellt. Nach diversen Nutzungen beherbergt der rechte Kopfbau seit 2001 das **Dokumentationszentrum Reichsparteitagsgelände Nürnberg** (→ S. 68).

Wir umrunden die Kongresshalle entlang des **Dutzendteichs** und gelangen zur benachbarten **Großen Straße**, wo zweimal jährlich das Nürnberger Volksfest stattfindet.

Große Straße ···> Zeppelinfeld

Die 2 km lange und 60 m breite Straße sollte als Aufmarschterrain die Verbindung zwischen der Luitpoldarena und dem an ihrem südlichen Ende gelegenen Märzfeld herstellen. Auf dem nach dem römischen Kriegsgott Mars benannten Areal hätten Schaumanöver der Wehrmacht stattfinden sollen. Es wurde jedoch ebenfalls nicht vollendet. Die fertiggestellten Wehrtürme und Tribünen wurden 1967 gesprengt, um Platz für Wohngebiete im nördlichen Langwasser zu schaffen. Das Deutsche Stadion kam gar über die Baugrube nicht hinaus. An den Ort, wo einst die paramilitärischen Kampfspiele vor 400 000 Zuschauern hätten ausgetragen werden sollen, erinnert heute der idyllisch anmutende **Silbersee**. Wieder zurück über die Große Straße geht es parallel zum Ufer des Großen Dutzendteichs zum **Zeppelinfeld**.

Zeppelinfeld ···> Luitpoldhain

Hier fanden die Veranstaltungen der Wehrmacht und des Reichsarbeitsdienstes sowie der Appell der politischen Leiter der NSDAP statt. Das von 34 Türmen umrahmte Areal fasste insgesamt 250 000 Personen, deren Treiben wiederum von 70 000 Zuschauern verfolgt werden konnte. Albert Speers Entwurf der 350 m langen Haupttribüne war dem antiken Pergamonaltar nachempfunden. Aufgrund von Baufälligkeit mussten die Kolonnaden und die Seitenpylone 1967 abgetragen werden. Entlang des Dutzendteichs gelangt man wieder zurück zum Ausgangspunkt.

Fürth – Stadt mit der höchsten Denkmalsdichte Bayerns

Charakteristik: Nürnberg und Fürth sind längst zu einem einzigen Ballungsraum zusammengewachsen, sodass die Stadtgrenzen immer mehr verwischen. Deutschlandweit ist Fürth vor allem für seine jüdische Vergangenheit bekannt; **Einkehrmöglichkeiten:** Zahlreiche Cafés und Restaurants in der Innenstadt; kulinarische Höhenflüge bietet die Kupferpfanne (Königstr. 85; Tel. 09 11/77 12 77 ●●●); **Anfahrt:** Fürth liegt westlich von Nürnberg und ist bequem mit öffentlichen Verkehrsmitteln (U-Bahn Linie 1) zu erreichen; **Dauer:** halber Tag; **Karte:** → S. 95, a/b 4

Seit je her steht Fürth im Schatten von Nürnberg, der »großen Schwesterstadt«. Doch gibt es keinen Grund sich zu verstecken, denn Fürth besitzt die größte »Denkmalsdichte« aller bayerischen Städte. Nirgendwo sonst im Freistaat gibt es mehr Denkmäler pro Einwohner! Während in Nürnberg Gotik und Renaissance und in Erlangen der Barock die vorherrschenden Baustile sind, besitzt die »Kleeblattstadt« Fürth insbesondere entlang der Hornschuchpromenade und der Königswarterstraße zahlreiche herrschaftliche Häuser mit kunstvollem Jugendstil- und Neubarockdekor. Eindrucksvoll sind auch das prachtvolle **Stadttheater** sowie das nach dem Vorbild des Florentiner Palazzo Vecchio errichtete **Rathaus** mit seinem 55 m hohen Turm.

Doch Fürth – der Name »Kleeblattstadt« leitet sich vom Stadtwappen her, das ein dreiblättriges Kleeblatt zeigt – hat viele Gesichter: Nur ein paar hundert Meter vom Rathaus entfernt erinnern noch dunkle, rußgeschwärzte Straßenzüge an die Frühzeit der Industrialisierung, als Fürth einer der gewerbefleißigsten Orte Deutschlands war und als »Stadt der tausend Schlote« gerühmt wurde. Hier ist die »Luft der Armut«, die der Fürther Autor Jakob Wassermann einst geatmet hatte, noch spürbar.

Am ursprünglichsten zeigt sich Fürth aber im **Altstadtviertel** rund um die **St.-Michaelskirche**, deren älteste Teile noch aus dem 11. Jh. stammen. Der wuchtige Wehrturm diente in Krisenzeiten einst als letzter Rückzugshort. Erinnerungen an längst vergangene Epochen wecken die verwinkelte Straßenführung und die zahlreichen Hinterhöfe in der Altstadt. Charakteristisch für Fürth präsentiert sich vor allem die **Gustavstraße** mit ihren schiefergedeckten Häusern und zahlreichen Kneipen.

Das **Jüdische Museum Franken** dokumentiert die einstige Bedeutung der jüdischen Gemeinde und gibt Einblicke in die jüdische Glaubenswelt mitsamt historischer Laubhütte. Im Keller des Hauses kann man zudem ein jüdisches Ritualbad (Mikwe) besichtigen (Königstr. 89; www.juedisches-museum.org; Di–So 10–17, Di bis 20 Uhr; Eintritt 3 €, erm. 2 €).

Zu den prominentesten Vertretern der jüdischen Gemeinde von Fürth gehören der Verleger Leopold Ullstein sowie der US-Außenminister Henry Kissinger. Die sprichwörtliche Toleranz gegenüber den Juden entwickelte sich zum charakteristischen Merkmal der Fürther. Erst im Zeitalter des Nationalsozialismus schlug die Stimmung in Ablehnung und Hass um. Auch der faszinierende **Alte Jüdische Friedhof** wurde damals geschändet. Von der **Weihergasse** aus kann man einen Blick über die Friedhofsmauer werfen, da er nicht öffentlich zugänglich ist. Auf dem bedeutendsten jüdischen Friedhof Bayerns wurden bis zum April 1936 mehr als 17 000 Menschen beigesetzt.

Im 19. Jh. erlebte Fürth einen großen wirtschaftlichen Aufschwung, der Lokalpatrioten zu der Behauptung Anlass gibt, 1835 fuhr die erste Eisenbahn nicht zwischen Nürnberg und Fürth, sondern »zur Fürther Freiheit«. Entlang der einstigen Eisenbahnlinie stehen die Prachtbauten der Gründerzeit. Zum Markenzeichen Fürths wurde vor allem der lokale Unternehmergeist: Die Fürther Grundig, Metz und Schickedanz hatten einen entschiedenen Anteil am Wirtschaftswunder der Nachkriegszeit. Wen wundert es da noch, dass auch Ludwig Erhard aus Fürth stammt? Geradezu selbstverständlich ist es somit, dass heute das **Stadtmuseum** den Namen Erhards trägt. Es ist im Erdgeschoss einer ehemaligen Schule, in der neben dem Wirtschaftswunderminister auch Gustav Schickedanz einst die Schulbank gedrückt hatte, untergebracht (Ottostr. 2; www.stadtmuseum-ludwig-erhard.de; Di–Fr 10–17, Sa und So bis 18 Uhr; Eintritt 4 €, erm. 3 €, Eröffnung Sept. 2009).

Das in der Alten Direktion von Grundig untergebrachte **Rundfunkmuseum** zeigt vom Dampfradio bis zum »Volksempfänger« die Entwicklung des Rundfunks von 1923 bis 1965. Wer will, kann an einem alten Detektorapparat oder einem »Heinzelmann« selbst auf Sendersuche gehen (Kurgartenstr. 37; www.rundfunkmuseum.fuerth.de; Di–Fr 12–17, Sa, So 10–17, 1. Do im Mo bis 22 Uhr; Eintritt: 4 €, erm. 3 €). Für eine ehemalige Hochburg der Industrialisierung besitzt Fürth auch verblüffend viele Grünanlagen, wobei sich zum Spazierengehen insbesondere der verspielte **Stadtpark** im Wiesengrund der Pegnitz empfiehlt sowie die neuen Holzstege entlang des Flusses.

Barockes Erlangen – Hugenotten, Siemens und die Universität

Charakteristik: Spaziergang durch die Universitätsstadt Erlangen mit ihrem barocken Glanz samt großzügigem Schlossgarten. **Einkehrmöglichkeiten:** Zahlreiche Cafés und Restaurants in der Innenstadt; das moderne Bistro Sax gefällt nicht nur wegen seiner sonnigen Terrasse (Am Schlossplatz 6; Tel. 0 91 31/9 08 84 40); **Anfahrt:** Erlangen liegt 15 km nördlich von Nürnberg und ist bequem mit öffentlichen Verkehrsmitteln (Regionalbahn R 2 oder Bus 30) zu erreichen; **Dauer:** halber Tag; **Karte:** → S. 95, b 3

Die barocke Planstadt Erlangen hinterlässt mit ihrem Schloss, dessen Orangerie und dem Schlossgarten bis heute einen prunkvollen Eindruck. Schattenlos verlaufen die Straßen in der Altstadt, einzig ihren geometrischen Gesetzen folgend. Keine Frage: In Erlangen triumphiert der rechte Winkel. Um die heimische Wirtschaft zu beleben, siedelte der Markgraf aus Frankreich vertriebene Hugenotten an. Binnen weniger Jahrzehnte entstand eine barocke Planstadt namens »Neu Erlang«, errichtet auf einem streng geometrischen Grundriss. Das mittelalterliche Erlangen, das schon unter den Verwüstungen des Dreißigjährigen Krieges gelitten hatte, fiel 1706 den Flammen eines Großbrandes zum Opfer, sodass fortan die ganze Stadt in barockem Glanz erstrahlte.

Die barocke Altstadt Erlangens mit ihrem streng geometrischen Raster wird heute von studentischem Leben bestimmt.

Die bestimmenden Faktoren im Stadtleben sind bis heute der Siemens-Konzern und die 1743 gegründete **Friedrich-Alexander-Universität** mit ihren 26 000 Studenten. Während in der Innenstadt von Erlangen das studentische Leben pulsiert, herrscht in den Vororten ein nüchternes technokratisches Ambiente. Doch auch das hat Tradition: Noch heute beruft sich die Erlanger Wirtschaft gerne auf den »hugenottischen Geist«, der für Arbeitseifer und Innovation steht.

Die Orientierung ist einfach, das barocke Zentrum ist leicht zu überschauen. An exponierter Stelle mit vorgelagertem Platz befindet sich das nach Plänen von Antonio della Porta errichtete **Schloss** (17. Jh.), an dessen Rückseite der Schlossgarten grenzt. Er wurde gleichzeitig mit dem Schloss angelegt und 1786 in einen englischen Garten umgewandelt. Von dem ehemaligen Reichtum an steinernen Parkfiguren blieben nur der Hugenottenbrunnen und das markgräfliche Reiterdenkmal erhalten. Die **Orangerie** (17. Jh.), eine halbovale Anlage mit je einem Flügel und Mansardendach, ist der wohl am schönsten proportionierte Barockbau Erlangens. Die **Hugenottenkirche** mit ihrem gestuften Walmdach ist ein ungewöhnlicher Zentralbau, der an einen Betsaal erinnert und vom calvinistischen Geist zeugt. Reizvoll ist auch ein Besuch

des **Markgrafentheaters** (Theaterplatz 2). Das älteste noch bespielte Rokoko-Bühnenhaus in Süddeutschland wurde in den Jahren 1715 bis 1719 unter Markgraf Georg Wilhelm als »Hochfürstliches Opern- und Comödienhaus« im Stil des italienischen Operntheaters erbaut. Liebhaber des Jugendstils sollten unbedingt einen Blick in den 1913 errichteten Altbau der Universitätsbibliothek werfen.

Über die Stadtgeschichte informiert das **Stadtmuseum**, das im barocken Altstädter Rathaus untergebracht ist. Auf ansprechende Weise werden hier Einblicke in die 2000-jährige Lokalgeschichte vermittelt. Außerdem werden interessante Wechselausstellungen zu Kunst und Geschichte gezeigt (Martin-Luther-Platz 8–9; Di und Mi 9–17, Do 9–13 und 17–20, Fr 9–13, Sa und So 11–17 Uhr; Eintritt 3 €, erm. 1,50 €). Wer sich für exotische Pflanzen interessiert, sollte den **Botanischen Garten** mit dem Canarengewächshaus besuchen, der nördlich an den Schlossgarten angrenzt (Loschgestr. 3; tgl. 8–16, Juni–Aug. bis 17.30 Uhr, Gewächshäuser Di–So 9.30–15.30 Uhr; Eintritt frei).

Besonders hoch her geht es alljährlich zur Pfingstzeit, wenn die **Erlanger Bergkirchweih** gefeiert wird. Die Bergkirchweih gilt unter Einheimischen als fünfte Jahreszeit. Jedes Jahr ab dem Donnerstag vor Pfingsten pilgert ganz Erlangen zwölf Tage lang auf den »Berg«, wie die Kirchweih im Volksmund genannt wird, um sich unter den schattigen Bäumen bei den Felsenkellern zu amüsieren. Literaturfreunde treffen sich Ende August beim **Erlanger Poetenfest** (www.poetenfest-erlangen.de), das für sein einzigartiges Flair mit Lesungen und Diskussionen im Schlossgarten berühmt ist.

Bamberg – »Fränkisches Rom« und Weltkulturerbestadt

Charakteristik: Gemütlicher Stadtspaziergang durch Bamberg mit Besuch des Doms und anderer bedeutender Sehenswürdigkeiten; **Einkehr- und Übernachtungsmöglichkeiten:** Hofbräu, stimmungsvolle Räumlichkeiten, saisonale fränkische Küche mit internationalem Einschlag, große Straßenterrasse (Karolinenstr. 7; Tel. 09 51/ 5 33 21); Schlenkerla, nicht nur in Bamberg ist die traditionsreiche Brauereigaststätte für ihr Rauchbier bekannt (Dominikanerstr. 6; Tel. 09 51/5 60 60; www.schlenkerla.de; Di Ruhetag); Bamberger Hof, verspielte Zimmer und viel Flair in zentraler Lage (Schönleinsplatz 4; Tel. 09 51/9 85 50; www.hotelbambergerhof.de ●●●●); **Anfahrt:** Über die A 9 in einer knappen Stunde zu erreichen. Häufige Zugverbindungen mit Nürnberg, der Bahnhof befindet sich wenige Fußminuten östlich der Altstadt; **Dauer:** Tagesausflug; **Karte:** ····› S. 95, a 2

Die Lage auf den sieben Hügeln, das einzige Papstgrab nördlich der Alpen und ein im Alltag der Menschen tief verwurzeltes religiöses Leben – dies alles hat den Vergleich mit der Ewigen Stadt entstehen lassen und Bamberg den Beinamen »fränkisches Rom« eingebracht. Angefangen vom Dom bis hin zur fürstbischöflichen Residenz und dem auf einer Regnitzinsel thronenden **Alten Rathaus** besitzt die traditionsreiche Bischofsstadt eine Vielzahl herausragender Bauten und Kulturdenkmäler, von Romanik über Gotik bis hin zur Renaissance und Barock. Diese ungemeine Fülle an erhaltenen historischen Bauensembles sucht in Deutschland seinesgleichen. Diesen Umstand hat auch die UNESCO gewürdigt, indem sie Bamberg 1993 in die Liste des Weltkultur- und Naturerbes aufgenommen hat.

Unumstrittenes Wahrzeichen der Stadt ist der **Dom**. Eingerahmt von vier fast filigran anmutenden Türmen, atmet die in ihrer heutigen Gestalt zwischen 1215 und 1237 errichtete Bischofskirche in nahezu idealtypischer Weise den Geist romanischer Baukunst. Das Innere ist, nachdem

Stimmungsvoll sitzt man an der Regnitz mit Blick auf das alte Bamberger Rathaus.

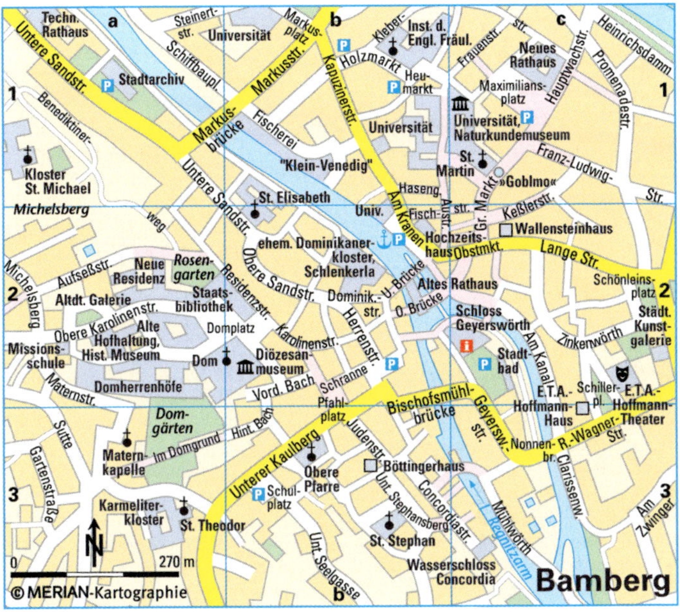

die barocken Zutaten im 19. Jh. wieder entfernt worden sind, wohltuend schlicht und birgt mit dem **Bamberger Reiter** nicht nur die berühmteste mittelalterliche Plastik Deutschlands, sondern auch die Grabmäler von Papst Clemens II. sowie Kaiser Heinrich II. und seiner Gemahlin Kunigunde.

Das Prädikat »unbedingt sehenswert« verdienen aber auch die **Alte Hofhaltung** sowie die von Johann Leonhard Dientzenhofer errichtete **Neue Residenz** der Fürstbischöfe (tgl. 9–18, Okt.–März nur bis 16 Uhr; Eintritt 4 €, erm. 3 €). Unter den zahlreichen Museen und Gedenkstätten Bambergs stechen das **Diözesanmuseum** und das **E.T.A.-Hoffmann-Haus** hervor.

Aber abgesehen von den zahlreichen bedeutenden Sakralbauten sowie den imposanten Bürger- und Adelspalästen bergen die abschüssigen Bamberger Gassen eine Vielzahl kunsthistorischer Details: dort ein gotisches Portal, da ein ausladender barocker Balkon neben einem grazilen Zierfachwerkgiebel, zwei Straßenzüge weiter ein verspieltes Dekor im Stil des Neurokoko. Eine malerische Häuserzeile am Regnitzufer wird gar als »Klein-Venedig« gerühmt. Glücklicherweise ist Bamberg aber kein überdimensionales Freilichtmuseum. Die verkehrsberuhigten Gassen und Kneipen der Altstadt sind stets mit Leben erfüllt, und wenn Ende August die farbenprächtige »Sandkärwa« gefeiert wird, sind nicht nur die Einheimischen zahlreich auf den Beinen. Bamberg ist zudem auch eine Stadt der Kultur und des Bieres. Die Bamberger Symphoniker gehören zu den renommiertesten Orchestern der Welt, die **Calderón-Spiele** in der Alten Hofhaltung sind in den Sommermonaten ebenfalls ein Zuschauermagnet. Und was die Vielzahl an Brauereien anbetrifft, so gibt es Leute, die durchaus ernsthaft behaupten, Bamberg werde von drei Strömen durchflossen – vom rechten Arm der Regnitz, vom linken Arm der Regnitz und vom Bier.

Bayreuth – Markgräflicher Glanz und Wagnerscher Pomp

Charakteristik: Auf den Spuren der Markgrafen geht es durch Bayreuth mit einem Besuch des Opernhauses und des Neuen Schlosses; **Einkehr- und Übernachtungsmöglichkeiten:** Goldener Anker, traditionsreiche Herberge mit anspruchsvollem Restaurant (Opernstraße 6; Tel. 09 21/6 50 51; www.anker-bayreuth.de ●●●); Braunbierhaus, zünftige Brauereigaststätte (Kanzleistr. 15; Tel. 09 21/5 07 06 44 ●); **Anfahrt:** Über die A 73 von Nürnberg aus in einer knappen Stunde zu erreichen, Richtung Berlin bis Ausfahrt Bayreuth Süd. Es bestehen häufige Zugverbindungen nach Nürnberg, der Bayreuther Bahnhof liegt zehn Fußminuten nördlich der Altstadt; **Dauer:** Tagesausflug; **Karte:** ---> S. 95, c 1

Keine Frage: Bayreuth besitzt einen klingenden Namen. Seit 1872 der Grundstein für das **Festspielhaus** auf dem »Grünen Hügel« gelegt wurde, pilgern Wagnerianer aus der gesamten Welt im Sommer nach Oberfranken. Die Prominenz aus Politik, Wirtschaft und Kultur strömt daher alljährlich in Scharen herbei, allen voran Bundeskanzlerin Angela Merkel. In der übrigen Jahreszeit müssen Wagnerverehrer mit einem Besuch der **Villa Wahnfried** vorliebnehmen, einem Neorenaissancebau, den Wagner zusammen mit seiner Familie bewohnte (Richard-Wagner-Straße 48; tgl. 9–17, Di, Do bis 20, Nov.–März ab 10 Uhr; Eintritt 4 €, erm. 2 €, im Juli und Aug. 4,50 €).

Genau genommen reicht Bayreuths Tradition als Musikstadt bis in das 18. Jh. zurück, als Markgräfin Wilhelmine das **Markgräfliche Opernhaus**, eines der prächtigsten barocken Musiktheater der Welt errichten ließ (Opernstr. 14, April–Sept. tgl. 9–18, Okt.–März tgl. 10–16 Uhr; Eintritt 5 €, erm. 4 €, ab Ende 2009 wegen Restaurierung geschl.). Der Lieblingsschwester Friedrich des Großen

Wenn alljährlich auf dem Grünen Hügel die Bayreuther Festspiele eröffnet werden, schafft es die oberfränkische Stadt regelmäßig an die Spitze der Tagesnachrichten.

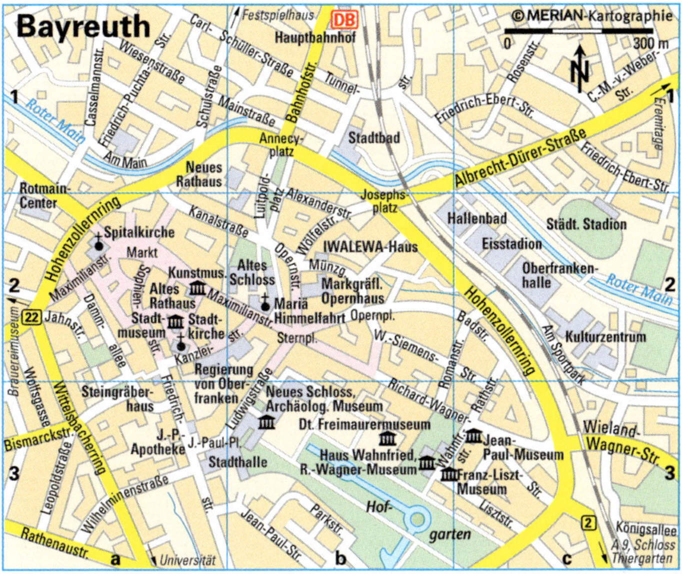

verdankt Bayreuth auch die prächtige Ausstattung des Neuen Schlosses und die Errichtung der vor den Toren der Stadt gelegenen Eremitage – beides eindrucksvolle Zeugnisse barocker Lebensfreude.

Das **Neue Schloss** ist ein lang gestreckter Schlossbau mit frühklassizistischer Fassade. Die gut erhaltenen Innenräume, wie beispielsweise das Palmenzimmer, gewähren eine Vorstellung von der Anmut des »Bayreuther Rokoko«. Für die Ausstattung einer künstlichen Grotte, die einst als Erfrischungsraum diente, ließ der Architekt Bergkristalle und Muscheln aus der Karibik herbeischaffen (April–Sept. tgl. 9–18, Okt.–März tgl. 10–16 Uhr; Eintritt 5 €, erm. 4 €). Direkt an das Schloss grenzt der **Hofgarten**, ein schattiges Areal, das sich für einen erholsamen Spaziergang anbietet.

Bayreuth steht zwar in erster Linie für Wagner und markgräflichen Barock, doch könnte man die Stadt aufgrund von mehr als einem Dutzend Museen auch als fränkische Museumsmetropole bezeichnen. Neben der Villa Wahnfried, dem Jean-Paul-Museum, dem Franz-Liszt-Museum und einem Stadtmuseum gibt es noch ein Kunstmuseum, ein Freimaurermuseum, ein Urwelt-Museum, ein Brauereimuseum, ein Museum für historische Schreibmaschinen sowie ein Feuerwehr- und ein Plakatmuseum.

Zum krönenden Abschluss eines Ausflugs nach Bayreuth empfiehlt sich noch die Besichtigung der ein paar Kilometer östlich der Stadt gelegenen **Eremitage** (April bis Mitte Okt. tgl. 9–18 Uhr; Eintritt 2,50 €, erm. 2 €). Das Bauensemble mit seinen zwei Sommerschlössern und dem sentimentalen Landschaftsgarten samt Ruinentheater versinnbildlicht den Übergang vom höfischen Rokoko zur Empfindsamkeit der Romantik. Besonders sehenswert ist das verspielte Neue Schloss, das sich Markgräfin Wilhelmine von ihrem Hofbaumeister Joseph Saint-Pierre erbauen ließ und dessen Zentrum von einem Sonnentempel beherrscht wird.

Fränkische Schweiz – Durch die Wiege der Romantik

Charakteristik: Eine Fahrt durch die Fränkische Schweiz lässt fast alle Herzen höher schlagen: eine urwüchsige Landschaft mit mächtigen Dolomitfelsen, Flüssen und karstigen Höhlen; **Einkehr- und Übernachtungsmöglichkeit:** Muggendorf, Hotel Feiler (Oberer Markt 4; Tel. 0 91 96/9 29 50; www.hotel-feiler.de; Mo Mittag geschl.); **Anfahrt:** Die Fränkische Schweiz erreicht man entweder über Gräfenberg (B 2) oder über Forchheim (A 73) und Ebermannstadt (B 85); **Dauer:** Tagesausflug; **Karte:** ⇢ S. 95, b/c 2/3

Mit ihren burgenbekrönten Höhenzügen, lieblich vor sich hin mäandernden Flüssen und den bizarren Dolomitfelsen entspricht die Fränkische Schweiz nur allzu sehr dem Idealbild einer idyllischen Landschaft. Ausgedehnte Wälder wechseln sich mit Wacholderheiden ab, dazwischen setzen Streuobstwiesen bunte Akzente. Das **Walberla**, eine markante Erhebung im Osten von **Forchheim**, gilt als das Wahrzeichen der Fränkischen Schweiz. Von hier aus führt das Wiesenttal, das sich hinter **Ebermannstadt** verengt, ins Herz der Fränkischen Schweiz. Doch egal, ob Wiesent-, Püttlach-, Trubach- und Ailsbachtal – die Flusstäler selbst waren viel zu schmal, um Landwirtschaft im größeren Stil betreiben zu können, und auch auf den verkarsteten, wasserdurchlässigen Juraböden der Hochflächen war es nicht möglich, große Reichtümer zu erwirtschaften. Bis heute ist die Fränkische Schweiz daher eine sehr spärlich besiedelte Region geblieben.

Wer durch die Fränkische Schweiz fährt oder wandert, wandelt zudem auf den historischen Spuren der Romantiker: Vor mehr als 200 Jahren begründeten nämlich zwei Berliner Studenten just auf dem Weg von Ebermannstadt nach Pottenstein die Romantik als ästhetische Kunstform. So wie seinerzeit die Schriftsteller Ludwig Tieck und Wilhelm Heinrich Wackenroder lassen sich auch heute zahllose Touristen und Wochenend-

Um die Burg Gößweinstein drängen sich die schmucken Häuser des gleichnamigen Orts.

Nürnberg und Umgebung
Naturpark Haßberge
Vierzehnheiligen
Staffelstein
Ebensfeld
Main
Rattelsdorf
Zapfendorf
Recken-dorf
Breiten-güßbach
Gundelsheim
Scheßlitz
Würgau
Ludwag
Oberhaid
Viereth-Trunstadt
Hallstadt
Memmels-dorf
Neudorf
Greifenstein
Bischberg
Priesen-dorf
Walsdorf
Bamberg
Litzendorf
Aufseß
Lisberg
Steg-aurach
Debring
Strullendorf
Heiligenstadt
Schönbrunn
Pettstadt
Wiesenttal
Burgebrach
Frensdorf
Hirschaid
Unterleinleiter
Ruine Neideck
Buttenheim
Altendorf
Mühl-hausen
Pommersfelden
Eggolsheim
Ebermannstadt
Tüchersfeld
Wachen-roth
Weißenstein
Hallern-dorf
Weilers-bach
Pretzfeld
Gößweinstein
Kirchehrenbach
Höchstadt a. d. Aisch
Adelsdorf
Heroldsbach
Forchheim
Egloffstein
Leupold-stein
Hemhofen
Baiers-dorf
Kunreuth
Hiltpoltstein
Betzen-stein
Uehlfeld
Weisen-dorf
Rötten-bach
Poxdorf
Dachsbach
Bubenreuth
Gräfenberg
Igensdorf
Gerhards-hofen
Großenseebach
Dormitz
Neun-kirchen
Erlangen
Kalch-reuth
Eckental
Aurachtal
Herzogen-aurach
Heroldsberg
Lauf
Emskirchen
Veitsbronn
Langenzenn
Seuken-dorf
Fürth
Rückersdorf
Markt Erlbach
Wilhermsdorf
Cadolzburg
Zirndorf
NÜRNBERG
Röthenbach
Großhabers-dorf
Ober-asbach
Stein
Roßtal
Dietenhofen
Bruckberg
Heilsbronn
Rohr
Wendelstein
Feucht
Petersaurach
Schwabach
Rednitzhembach
Lichtenau
Neuendettelsau
Kammerstein
Büchenbach
Schwan-stetten
Windsbach
Roth
Rothsee
Wolframs-Eschenbach
Abenberg
Weiden-bach
Wassermungenau
Mitteleschenbach
Georgensgmünd
Kalbensteinberg
Spalt
Ornbau
Muhr am See
Igelsbachsee
Hilpoltstein
Absberg
Heideck
Altmühlsee
Kl. Brombachsee
Gr. Brombachsee
Röttenbach
Gunzen-hausen
Pleinfeld
Pfofeld
Dittenheim
Altmühl
Ellingen
Heidenheim
Weißen-burg
Westheim
Markt Berolzheim
Treuchtlingen
Thalmässing
Nennslingen
Burgsalach
Raitenbuch
Naturpark Altmühltal
Titting
Greding
Altenkunstadt
Weismain
Mainleus
Kulmbach
Wirsberg
Trebgast
Himmelkron
Kasendorf
Thurnau
Hollfeld
Bayreuth
Eckersdorf
Mistelgau
Mistel-bach
Glashütten
Plankenfels
Waischenfeld
Creussen
Naturpark Fränkische Schweiz-Veldensteiner Forst
Teufelshöhle
Pottenstein
Pegnitz
Maximilians-grotte
Ottenhof
Plech
Velden
Neuhaus
Harten-stein
Vorra
Hirsch-bach
Schnaittach
Kirchensitten-bach
Neunkirchen
Hersbruck
Pommels-brunn
Reichen-schwand
Happurg
Engelthal
Birgland
Offenhausen
Leinburg
Alfeld
Altdorf
Lauterhofen
Burgthann
Schwarzenbruck
Pilsach
Berg
Postbauer-Heng
Neumarkt
Pyrbaum
Berngau
Allersberg
Sengenthal
Deining
Freystadt
Main-Donau-Kanal
Mühlhausen
Berching
Dietfurt
Pegnitz
279
4
73
70
E48
289
303
85
22
505
470
3
2
9
E51
14
8
6
E50
299
E56
13
466
E45
a
b
1
2
3
4
5
6
N
0
15 km
© MERIAN-Kartographie

Wie monströse Pilze überragen markante Felsen den Ort Tüchersfeld mit seinen an den Hang geschmiegten Fachwerkhäusern.

ausflügler von den tief eingeschnittenen Tälern, den schroffen, hoch aufragenden Dolomitfelsen und den malerischen Ruinen faszinieren. Verträumte kleine Dörfer mit schmucken Fachwerkhäusern sowie geheimnisvolle Höhlen mit bizarren Tropfsteingebilden lassen das Herz höher schlagen. Ja, und nicht zu vergessen die zünftigen Brauereigaststätten, die zu ihrem süffigen Gerstensaft noch eine deftige Brotzeit bereithalten.

Durch das Wiesenttal gelangt man an der **Ruine Neideck** vorbei nach **Gößweinstein**. Markanter Blickfang ist die Fassade der Wallfahrtsbasilika zur Heiligen Dreifaltigkeit. Die Pläne für das barocke Meisterwerk stammen von keinem Geringeren als Balthasar Neumann, dem berühmten Architekten der Würzburger Residenz. Sehenswert sind auch die Stuckarbeiten des Bamberger Hofstukkateurs Franz Jakob Vogel. Aufgrund der zahlreichen Gläubigen, die zwischen Mai und September zum Gnadenbild pilgern, steht Gößweinstein in dem Ruf, ein fränkisches Altötting zu sein. Und eine Burg gibt es in Gößweinstein natürlich auch.

Weitere reizvolle Ortschaften sind **Egloffstein, Heiligenstadt** sowie **Tüchersfeld**. Letzteres zählt mit seinen pittoresken, steil aufragenden Felsen zu den schönsten Dörfern der Fränkischen Schweiz. Die Hauptattraktion des Ortes ist jedoch das **Fränkische-Schweiz-Museum** im einstigen »Judenhof«. Besonders sehenswert ist die in den Gebäudekomplex integrierte jüdische Synagoge. Die übrigen Räumlichkeiten des Museums beherbergen eine anschauliche Dauerausstellung zum Landschaftsraum Fränkische Schweiz, wobei sich der thematische Bogen von archäologischen Funden über die mittelalterliche Regionalgeschichte bis hin zu ländlichem Handwerk und zur bäuerlichen Wohnkultur spannt (April–Okt. Di–So 10–17, im Winter nur So 13.30–17 Uhr; www.fsmt.de; Eintritt 2,30 €, erm. 1,50 €).

Die ungekrönte Tourismusmetropole der Fränkischen Schweiz ist allerdings **Pottenstein**. Allein die **Teufelshöhle** lockt alljährlich rund 250 000 Besucher an. Wer ein Faible für Stalaktiten und Stalagmiten besitzt, kann sich an Gebilden mit so poetischen Namen wie »Barbarossabart«, »Papstkrone« und »Kerzensaal« erfreuen (April–Okt. tgl. 9–17, im Winter nur Di sowie am Wochenende 10–15 Uhr; www.teufelshoehle.de; Eintritt 3,80 €, erm. 2 €). Die auf einem Dolomitfels thronende Burg Pottenstein wurde vor rund 1000 Jahren zur Sicherung der Ostgrenzen des Heiligen Römischen Reichs gegründet, später aber baulich mehrfach verändert. Ein ganz besonderes Szenario findet man alljährlich am 6. Januar beim Pottensteiner Lichterfest vor. Neben einer Lichterprozession werden auf den umliegenden Felskuppen Hunderte von Bergfeuern entfacht.

Das Fränkische Seenland – Römer, Limes und Badeseen

Charakteristik: Ein Ausflug ins Fränkische Seenland bietet viel Abwechslung. Abgesehen von Römer- und Barockstädten lockt das Freizeitangebot mit so viel Wasser, dass es mehrere Stauseen füllt und zum Baden, Segeln und Surfen verführt; **Einkehr- und Übernachtungsmöglichkeit:** Pleinfeld, Landgasthof Siebenkäs (Kirchenstr. 1; Tel. 0 91 44/82 82; www.landgasthof-siebenkaes.de; So Abend und Mo geschl.); **Anfahrt:** Das Fränkische Seenland liegt im Süden Nürnbergs und ist mit dem Auto über die B 2 in einer Stunde zu erreichen; **Dauer:** Tagesausflug; **Karte:** → S. 95, a 5/6

Das Fränkische Seenland ist als Freizeit- und Feriengebiet eigentlich ein »Abfallprodukt«, das seine Entstehung dem Bau des Rhein-Main-Donau-Kanals verdankt. Um genügend Wasser in den Kanal einspeisen zu können, beschloss die bayerische Regierung 1970, im südlichen Mittelfranken eine Seenplatte zu schaffen, die gleichzeitig den Gegensatz zwischen dem wasserarmen Franken und dem wasserreichen Südbayern ausgleichen sollte. Als angenehmer Nebeneffekt dieses Wasserbauprojekts entstand eine neue Ferienregion, die sich seither steigender Beliebtheit erfreut, da sie nicht nur über ein ausgeprägtes Radwegenetz verfügt, sondern mit ihrer reichen römischen Vergangenheit auch für Kulturtouristen von Interesse ist.

Der **Kleine** und der **Große Brombachsee** bilden zusammen mit dem **Igelsbachsee** das Herzstück des Fränkischen Seenlandes. Eingerahmt von Wäldern und Wiesen bieten die drei Seen ein ungestörtes Naturerlebnis, das Wassersportler und Radler zu schätzen wissen. Im Seezentrum tummeln sich Segler und Surfer, und an den »Stränden« liegen die Sonnenanbeter. Die nahen Hopfenstädte Spalt, Absberg und Pleinfeld mit ihren touristischen Betrieben gehören zu den großen Profiteuren des Freizeitbooms.

Weiter westlich schließt sich der **Altmühlsee** an. Den Nordabschnitt des Sees nimmt die **Vogelinsel** ein, ein 120 ha großes Biotop und wichtiges Refugium für seltene Vogelarten und bedrohte Pflanzen. Mosaikartig angelegte Tümpel und Flachwasserzonen mit ihrem Schilf- und Gebüschgürtel bieten Brut- und Rastplätze für über 220 Vogelarten. Ein öffentlich zugänglicher Rundweg erschließt das Areal und führt zu einem Holzturm mit Aussichtsplattform.

Nahezu direkt am Altmühlsee liegt **Gunzenhausen.** Die größte Stadt der Region besitzt noch ein wenig mittelalterliches Flair. Von den alten Befestigungsanlagen zeugen drei Türme: Storchenturm, Färberturm und Blasturm; der Letztere gilt mit seinen 33 m Höhe als das heimliche Wahrzeichen der Stadt. Da die Gunzenhausener Altstadt von ihren Dimensionen her eher klein ist, landet man fast zwangsläufig auf dem lang gestreckten Marktplatz, der von schönen Bürgerhäusern gesäumt wird. Eine Seitenstraße führt zum Gunzenhausener Stadtmuseum (Rathausstr. 12; 1. Mai–15. Okt. Di–So 10–12 und 13–17, 16. Okt.–30. April Di–Fr 13–17, So 10–12 und 13–17 Uhr; Eintritt 2 €, erm. 1 €). Der **Rothsee,** der im imaginären Dreieck der Städte Roth, Hilpoltstein und Allersberg liegt, verfügt über die beste Wasserqualität aller Seen im Fränkischen Seenland.

Im Süden des Fränkischen Seenlandes finden sich noch zahlreiche Spuren des im Volksmund einst als »Teufelsmauer« bezeichneten **Limes,** der gewiss zu den eindrucksvollsten Baudenkmälern Europas gehört. Der römische Kaiser Trajan ließ diesen mächtigen Wall samt Palisaden und einer 3 m hohen Mauer errichten, um die neue Nordgrenze des Römischen Reichs abzusichern. Im Rahmen dieser Landnahme entstand eine komplette Infrastruktur mit Siedlungen, Gutshöfen, Straßen und – nicht zu vergessen – Kastellen für die Hilfstruppen, die den Limes bewachen sollten. Aufgrund seiner kulturhistorischen Bedeutung wurde der Limes 2006 von der UNESCO zum Weltkulturerbe ernannt. Um das touristische Interesse weiter auszubauen, liebäugeln Tourismusmanager mit einem »Limespark«. Ellingen und Pleinfeld wetteifern derzeit darum, sich als Standort für diesen Erlebnispark ins Gespräch zu bringen. Investoren wollen für den Bau bis zu 100 Mio. € bereitstellen.

Am eindrucksvollsten haben sich die römischen Hinterlassenschaften in **Weißenburg** erhalten. Die alte Reichsstadt wird von einer vollständigen Stadtmauer mit 38 Türmen umgeben. Das berühmte Ellinger Tor zierte bereits eine Briefmarke. Nur ein paar Fußminuten von der Altstadt entfernt liegt das römische Weißenburg. Neben dem rekonstruierten Nordtor des Kastells »Briciana« begeistern vor allem die 1977 beim Bau einer Reihenhaussiedlung entdeckten Thermen, die einen hervorragenden Einblick in die römische Badekultur geben (Am Römerbad 17 a; April–Anf. Nov. tgl. 10–17 Uhr; Eintritt 1,50 €). Die wertvollsten Funde, die bei den Ausgrabungen entdeckt wurden, sind im Römermuseum zu besichtigen (Martin-Luther-Platz 3; April–Okt. tgl. 10–17 Uhr; Eintritt 2 €).

Nur wenige Kilometer entfernt liegt das barocke Kleinod **Ellingen**. Kein anderer fränkischer Ort besitzt ein so vollständig erhaltenes barockes Stadtbild wie die ehemalige Deutschordensresidenz Ellingen. Neben dem wuchtigen Schloss (April–Sept. Di–So 9–18, Okt.–März Di–So 10–16 Uhr; Eintritt 4 €, erm. 3 €), einem schmucken Rathaus und dem Pleinfelder Tor sind noch weit über 100 denkmalgeschützte Barockhäuser zu bewundern! Hier im Südosten der Region geht das Fränkische Seenland bereits in den Naturpark Altmühltal über, der sich über Eichstätt bis hinunter nach Kelheim erstreckt.

Strandurlaub in Mittelfranken: Die seichten Wasserflächen des Fränkischen Seenlandes laden zu vielerlei Arten von Wassersport – wie hier am Kleinen Brombachsee – ein.

Wissenswertes über Nürnberg

Die Kolossalbauten auf dem ehemaligen Reichsparteitagsgelände (→ S. 58) gemahnen an die Vergangenheit der Stadt. Die Nürnberger haben mittlerweile einen Weg gefunden, mit dem Areal umzugehen: Sie nutzen es zum Radfahren, Rollerbladen und Skaten.

Viele nützliche Informationen zur Reisevorbereitung und für Ihren Aufenthalt vor Ort. Mit Buchtipps, Geschichtstabelle, fränkischem Essdolmetscher, Stadtführungen und Verkehrsverbindungen.

Jahreszahlen und Fakten im Überblick

9. Jh.
Frühe Besiedlung des Burgbergs, wie archäologische Grabungen belegen.

1050
Erste urkundliche Erwähnung Nürnbergs anlässlich der Freilassung einer Leibeigenen namens Sigena.

Um 1150
Der Fünfeckturm, das älteste erhaltene Bauwerk, wird errichtet.

1219
Nürnberg erhält von Friedrich II. die Privilegien einer Reichsstadt und ist nun nur noch dem König untertan. In den nächsten drei Jahrhunderten steigt es zu einer der mächtigsten europäischen Handelsstädte auf.

1349
Mehr als 600 Juden werden ermordet. Anstelle des Ghettos entsteht der Hauptmarkt.

1356
Kaiser Karl IV. erlässt die »Goldene Bulle«; jeder neu gewählte König des Reiches muss fortan seinen ersten Reichstag nach Nürnberg einberufen.

1400
Der Bau der letzten Stadtumwallung wird abgeschlossen. Auf einer Länge von rund 5 km reihen sich 118 Türme.

1424
Bis 1796 werden die Reichskleinodien im Heilig-Geist-Spital aufbewahrt.

1427
Der Burggraf Friedrich VI. verkauft seinen Titel und seine Burg an den »Rat der Stadt Nürnberg«.

1449–1450
Im ersten sogenannten Markgrafenkrieg versucht Markgraf Albrecht Achilles vergeblich, sein fränkisches Territorium auf Kosten des Bamberger Bistums sowie der Reichsstadt Nürnberg auszuweiten.

1471
Albrecht Dürer wird geboren und stirbt 1528 in seiner Heimatstadt.

1492
Martin Behaim fertigt in Nürnberg den ältesten erhaltenen Globus der Welt.

15./16. Jh.
Das Goldene Zeitalter Nürnbergs ist eng verbunden mit Handwerkern und Künstlern wie Albrecht Dürer, Peter Vischer, Veit Stoß, Hans Sachs und Peter Henlein.

1522/1523
Die Ideen Martin Luthers werden von der Nürnberger Bevölkerung begeistert aufgenommen. Der Rat bekennt sich zum Protestantismus.

1525
Im Frühjahr erschüttern Bauernaufstände weite Teile Frankens. Die nach mehr sozialer Gerechtigkeit und religiöser Erneuerung strebenden Bauern machen zahlreiche Burgen und Klöster dem Erdboden gleich.

1618
Nürnberg zählt ca. 50 000 Einwohner und ist damit nach Köln die bevölkerungsreichste Stadt Deutschlands.

1644
Der bis heute existierende »Pegnesische Blumenorden« wird als Dichterbund gegründet.

1649
Ein Jahr nach Ende des Dreißigjährigen Krieges finden sich im Rathaus die einstigen Kriegsgegner zu einem Friedensmahl zusammen.

1793
Die Jurastudenten Wilhelm Heinrich Wackenroder und Ludwig Tieck erkunden Nürnberg und die Fränkische Schweiz. Mit ihren »Impressionen« beginnt das Zeitalter der Romantik.

1806
Die Reichsstadt Nürnberg wird dem Königreich Bayern zugeschlagen und verliert ihre Eigenständigkeit.

1808–1816
Georg Wilhelm Friedrich Hegel unterrichtet in Nürnberg und lernt dort seine Ehefrau Marie von Tucher kennen.

1835
Zwischen Nürnberg und Fürth fährt die erste deutsche Eisenbahn; neun Jahre später nimmt die Bahnlinie Nürnberg-Bamberg ihren Betrieb auf.

19. Jh.
Im Zuge der Industrialisierung wird Nürnberg ein bedeutender Industriestandort, eng verbunden mit den Namen MAN und Schuckert.

1900
Am 4. Mai wird der 1. FC Nürnberg gegründet. Bis heute wurde der »Club« neunmal Deutscher Fußballmeister.

1923
Julius Streicher gründet das NS-Hetzblatt »Der Stürmer« und wird zwei Jahre später Gauleiter der NSDAP.

1933
Die Nationalsozialisten erklären Nürnberg zur »Stadt der Reichsparteitage«. Bis 1938 werden insgesamt sechs Reichsparteitage abgehalten.

1935
Verkündung der Nürnberger Rassengesetze auf dem Reichsparteitag.

1945
Bei der massivsten Bombardierung Nürnbergs sterben am 2. Januar 1945 ca. 1800 Menschen. Große Teile der Altstadt sind nun zerstört.

1945–1949
In den Nürnberger Prozessen werden führende Nationalsozialisten zu Todes- oder langen Haftstrafen verurteilt.

1950
Die Spielwarenmesse wird ins Leben gerufen.

1952
Die Bundesanstalt (heute Bundesagentur) für Arbeit wird eingerichtet.

1972
Die U-Bahn nimmt ihren Betrieb auf.

1981
Am 6. März kommt es im Jugendzentrum KOMM zur größten Massenverhaftung in der deutschen Nachkriegsgeschichte. 164 überwiegend jugendliche Besucher des Kommunikationszentrums werden abgeführt.

1995
Der Internationale Nürnberger Menschenrechtspreis wird erstmals verliehen und fortan im zweijährigen Turnus vergeben.

2000
Mit dem Neuen Museum entsteht ein spektakulärer Museumsneubau.

2001
Auf dem ehemaligen Reichsparteitagsgelände eröffnet Bundespräsident Johannes Rau ein viel beachtetes Dokumentationszentrum.

2005
Der Großraum Nürnberg mit seinen 3,5 Mio. Einwohnern wird zur Metropolregion ernannt.

2008
Die erste fahrerlose, automatisierte U-Bahn Deutschlands wird in Betrieb genommen.

Die wichtigsten kulinarischen Begriffe

A

Apfelküchla: in heißem Fett ausgebackene Apfelküchlein

Apfelstrudel: längliche Rolle aus Strudelteig mit Apfelfüllung

A Seidla: eine halbe Mass

B

Baggers: Kartoffelplätzchen (Reibekuchen, Kartoffelpuffer), entweder mit Käse überbacken oder (als Nachspeise) mit Apfelmus

Bauernseufzer: eine lange geräucherte Bratwurst, die entweder roh oder warm (sie muss in heißem Wasser ziehen) und meist mit Meerrettich gegessen wird

Blaue Zipfel: Bratwurst im Essigsud mit Zwiebeln, Lorbeerblättern, Karotten, Petersilie und Pfeffer gekocht (auch »Saure Zipfel« genannt)

Blaukraut: Rotkohl

Bluudworschd: Blutwurst

Bodaggn: Kartoffeln

Bradwuoarschd: Bratwurst, vorzugsweise auf Buchenscheiten gegrillte (Schweine-)Rostbratwürste in Fingergröße

Bradwuoarschdsülzn: gesulzte Rostbratwürste (meist mit Röstkartoffeln zubereitet)

Buddlasbaa: Hühnerbein

Bumbermass: Gemisch aus Dunkelbier, Cola und Kirschlikör

D

Dampfnudeln: in Milch und Fett gedämpfte Hefenudeln mit Vanillesoße angerichtet

Dellersülzn: Schweinebauch in Aspik

Drei in am Weggla: Drei Nürnberger Rostbratwürste in einer Semmel (an Wurstständen in der Innenstadt oder auf dem Volksfest verkauft, quasi die Nürnberger Fastfood-Variante)

E

Einbrenne: Mehlschwitze

F

Fingernudeln: fingerlange Nudeln aus gekochten Kartoffeln, in der Pfanne ausgebacken

Fleischkäichla: die norddeutsche Verwandtschaft heißt Boulette, Fleischklops oder Hamburger, die altbayerische nennt sich Fleischpflanzerl

G

Gaggerla: Ei

Gamillndee: Kamillentee

Gelbe Rübn: Karotten, Mohrrüben

Gelberla: Pfifferling

G'wedelter: Fisch am Spieß gebraten (Salzhering, Makrele, Forelle, muss vor allem auf Volksfesten dran glauben)

Gigerla: Hähnchen

Gmäis: Gemüse

Gniedla: Klöße (vorzugsweise aus rohem Kartoffelteig)

Grießnockerl: Suppeneinlage aus Grieß, Butter und Eiern

Guglhupf: Napfkuchen, in der typischen Form gebacken

H

Halbe: ein halber Liter Bier

Hax'n: Gebratene Kalbs- oder Schweinshaxe

Hochzeitssuppn: klare Suppe auf der Basis einer Hühnerbrühe, angereichert mit Hühnerfleisch, Fleischklößchen, Spargelköpfen, Nudeln und Eierstich

Hollerküchle: Holunderblütendolden, in heißem Fett ausgebacken

Hopfensalat: aus jungen Hopfenspitzen zubereitet

Hutzelbrot: Früchtebrot aus gedörrten Zwetschgen und Birnen (»Hutzeln«) sowie Rosinen, gehackten Mandeln und Haselnüssen

K

Kesselfleisch: im Sud gekochtes Fleisch (und Innereien) mit Kartoffeln und Sauerkraut)

Kirschenmännla: Kirschauflauf mit lockerem Teig

Knätzla: Brotende

Koung: Kuchen

Krautwiggerla: Kohlrouladen

Kren: Meerrettich

Kümmerlerssuppn: Gurkensuppe

L

Laffer Maß: Sekt in einem Maßkrug mit Bockbier aufgefüllt

Leberkäs: Fleischkäse (enthält weder Leber noch Käse, inzwischen gerne aber mit Käse und Paprika zum Pizzaleberkäse aufgemotzt)

Leberklößsuppn: Klöße mit Leber in einer klaren Suppe

Lebkoung: Teig aus Nüssen, Honig, Zucker, Eier, Marzipan und vielen Gewürzen auf eine Oblate gebacken

M

Mass: (die) 1 Liter Bier

Metzelsuppn: im Kesselsud zubereitetes Fleisch und Innereien

N

Naggerde: aus dem Darm gepellte Bratwurst, wobei man das rohe Bratwurstgehäck mit fein geschnittenen Zwiebeln, Salz, Pfeffer und Paprika auf einer mit Butter bestrichenen Scheibe Schwarzbrot isst.

Nürnberger Gwerch: Gemisch aus Ochsenmaulsalat, Stadtwurst, Presssack und Eierscheiben

O

Obatzter: angemachter Camembert

Obstler: Branntwein aus Obst

Ochsenmaulsalat: in Essig und Öl eingelegtes Ochsenfleisch

P

Pedderle: Petersilie

Pfannerkoungsubbn: Rindssuppe mit fein geschnittenen Pfannkuchen

Pfiffer: Pfifferlinge

Preissn-Seidla: Die preußische Unsitte, Bier in 0,4- oder 0,3-l-Gläsern auszuschenken

Pressagg: Sülzwurst aus gepökeltem Schweinskopf, mit Essig und Öl angemacht (schwarz und weiß)

R

Reddich: Rettich

Radler erfrischendes Getränk, halb Bier, halb Zitronenlimonade

Russ: Gemisch aus Weizenbier und Zitronenlimonade

S

Saure Lunge: Lungenhaschee, auf Österreichisch »Beuscherl«

Schäufele: im Ofen zubereitete Schweineschulter, die mit ihrem schaufelförmigen Knochen und der dicken Schwarte hineingeschoben wird (fränkisches Nationalgericht!)

Scheiterhaufen: Mehlspeisenauflauf aus altbackenen Semmeln, Äpfeln, Milch, Ei und Rosinen

Schmalznudeln: Hefegebäck, in heißem Schmalz ausgebacken

Schlachtbladdn: Kesselfleisch mit Kartoffeln und Sauerkraut

Schupfnudeln: traditionelle süddeutsche Beilage aus Kartoffelteig

Semmel (Weggla): Brötchen

Solod: Salat

Spargelsalat: gekochter Spargel, zusammen mit Essig und Öl in einer Marinade zubereitet

Schdaddworschd mit Musik: aufgeschnittene Stadtwurst in einem kalten Gemisch aus Essig, Öl, Zwiebeln und viel Majoran

Subbn: Suppe

W

Weggla: Brötchen

Weißbier: Weizenbier

Woarschdsalad: Salat aus Stadtwurst oder Lyoner

Z

Zieberla: junges Huhn

Nützliche Adressen und Reiseservice

Auf einen Blick

Einwohner: 503 000, davon rund 19 % Ausländer, unter denen die Türken mit knapp 25 000 den größten Anteil stellen.
Fläche: 186,4 qkm.
Höhe: 309 m über NN.
Religion: Rund 36 % der Bevölkerung sind protestantisch, 30 % katholisch, während 34 % keiner oder einer anderen Religionsgemeinschaft angehören.
Sprache: Deutsch.
Verwaltung: Nürnberg ist die zweitgrößte Stadt im Bundesland Bayern (Landeshauptstadt München) und gehört dort wiederum zum Regierungsbezirk Mittelfranken. Oberbürgermeister ist seit 2002 Ulrich Maly (SPD).
Wirtschaft: Bedingt durch den Strukturwandel hat sich Nürnberg in den letzten Jahren von einem traditionellen Industriestandort (Elektrotechnik und Maschinenbau) zu einem Dienstleistungsstandort (Callcenter, Marktforschung etc.) gewandelt. Die Messe Nürnberg gehört zu den zehn größten Europas.

Anreise

Mit dem Auto

Nürnberg liegt am Kreuzungspunkt von vier Autobahnen und ist ausgezeichnet an das deutsche Autobahnnetz angebunden. Die A 9 verbindet die Stadt mit München und Berlin, die A 3 führt nach Frankfurt und Regensburg, die A 6 nach Heilbronn und Amberg (Prag), über die A 73 geht es nach Bamberg und weiter nach Thüringen. Es existiert ein gutes Parkleitsystem (Park-&-Ride-Möglichkeit) an den Aus- und Einfallstraßen. Achtung: In der Altstadt gibt es (fast) keine kostenlosen Parkplätze, die Altstadt lässt sich mit dem Auto nicht durchqueren.

Mit der Bahn

Der Nürnberger Hauptbahnhof liegt zentral am südöstlichen Rand der Altstadt. Nürnberg ist hervorragend in das ICE-Netz der Deutschen Bahn integriert. Stündlich verkehren Züge in Richtung München und Frankfurt (Köln) sowie Hamburg. Das regionale Streckennetz bietet Verbindungen nach Bamberg (über Erlangen und Forchheim) sowie nach Bayreuth (über Lauf, Hersbruck und Pegnitz). Informationen: www.bahn.de; tel. Auskunft unter Tel. 1 18 61, kostenlose Fahrplanauskunft: vom Festnetz Tel. 08 00/1 50 70 90, vom Mobilfunknetz 0 18 05/22 11 00.

Mit dem Flugzeug

Der Nürnberger Flughafen liegt im Norden der Stadt und ist mit der U-Bahn (U 2) gut mit dem Zentrum und dem Hauptbahnhof verbunden. Nürnberg wird regelmäßig von Frankfurt, Berlin, Köln/Bonn, Dortmund, Düsseldorf, Hamburg, Zürich und Wien angeflogen. Als Hauptdrehkreuz von Air Berlin bietet Nürnberg auch gute Verbindungen ins europäische Ausland. Infos: www.airport-nuernberg.de; tel. Auskunft unter 09 11/9 37 00.

Auskunft

Congress- und Tourismus-Zentrale Nürnberg
Postfach 4248, 90022 Nürnberg; Tel. 09 11/2 33 60; www.tourismus.nuernberg.de; nur tel. Auskunft, Hotelreservierung und Prospektversand

Tourist Information
- **Im Kopfbau des Künstlerhauses (nahe Hauptbahnhof), Königstr. 93; Tel. 09 11/2 33 61 32; Mo–Sa 9–19 Uhr**
- **Hauptmarkt 18; Tel. 09 11/2 33 61 35; Mo–Sa 9–18, Mai–Okt. auch So 10–16 Uhr**

Tourismusverkehrsverband Franken e. V.
Postfach 810269, 90247 Nürnberg; Tel. 09 11/26 42 02, Fax 27 05 47; www.frankentourismus.com; nur tel. Auskunft und Prospektversand

Buchtipps

In ihrem Roman **Der Jude und das Mädchen** (Goldmann Taschenbuch, München) schildert **Christiane Kohl** die Geschichte des Nürnberger Fotohändlers Leo Katzenberger, der von den Nazis 1942 aufgrund dubioser Vorwürfe hingerichtet wurde. Verfilmt als »Leo und Claire« von Joseph Vilsmaier. In **Das Zeugenhaus** (Goldmann Taschenbuch, München) erzählt die gleiche Autorin von den Nürnberger Prozessen und der Aufarbeitung der nationalsozialistischen Diktatur.

Ebenfalls mit den Nürnberger Prozessen beschäftigt sich **Steffen Radlmaier** (Hg.) in **Der Nürnberger Lernprozess.** Eine umfangreiche wie kompetente Darstellung des Prozessablaufs aus Sicht bedeutender Schriftsteller. Erschienen in der Anderen Bibliothek (Eichborn Verlag, Frankfurt).

Wer sich für eine kurze, aber sehr kundige Darstellung der Nürnberger Historie interessiert, dem sei **Martin Schiebers Geschichte Nürnbergs** empfohlen (C. H. Beck Verlag, München).

Spannend zu lesen ist auch **Asta Scheibs** Roman **Eine Zierde in ihrem Haus,** die vom Schicksal der Ottilie von Faber-Castell berichtet, einer (Bleistift-)Gräfin, die der Liebe willen auf Familie und Vermögen verzichtete (rororo Taschenbuch, Reinbek).

Hermann Kesten, der bekannteste Nürnberger Autor des 20. Jh., droht langsam in Vergessenheit zu geraten, daher muss man seinen in Nürnberg spielenden Debütroman **Josef sucht die Freiheit** inzwischen im Antiquariat kaufen (Steidl Verlag, Göttingen).

Eintrittskarten

Kartenvorverkauf
Nürnberg Ticket im u1 Fashion store; U-Bahn-Ausgang »Weißer Turm«; Tel. 20 42 95

Nürnberg Card
Wer mindestens eine Nacht in einem Nürnberger Hotel, der Jugendherberge oder auf dem Campingplatz verbringt, kann für 19 € (für Kinder unter 12 Jahren kostenlos) mit der Nürnberg Card zwei Tage lang kostenlos (fast) alle Museen von Nürnberg besuchen und die öffentlichen Verkehrsmittel zum Nulltarif nutzen. Zudem gibt es bis zu 25 % Nachlass bei verschiedenen Geschäften, im Kino und bei Stadtführungen. Erhältlich ist die Nürnberg Card bei der Tourist Information sowie in vielen Hotels.

Fahrradverleih

Nürnberg lässt sich hervorragend mit dem Fahrrad erkunden, ein netter Ausflug führt entlang der Pegnitz nach Fürth. Ein breites Angebot an Leihrädern bietet **Ride on a Rainbow.** (Adam-Kraft-Str. 55; Tel. 39 73 37; www.ride-on-a-rainbow.de; Mo–Fr 10–19, Sa 10–15.15, Mi 14.15–19 Uhr).

Feiertage

Neujahr (1. Jan.)
Heilige Drei Könige (6. Jan.)
Karfreitag
Ostersonntag
Ostermontag
Maifeiertag (1. Mai)
Pfingstsonntag
Pfingstmontag
Fronleichnam
Tag der Deutschen Einheit (3. Okt.)
Allerheiligen (1. Nov.)
Weihnachtsfeiertage (25./26. Dez).

Fundbüro

Fundbüro Stadt Nürnberg
Siebenkeesstr. 4; Tel. 81 00 97 70; www.fundbuero-nuernberg.de; Mo–Mi 9.30–16, Do 9.30–18, Fr 9.30–12.30 Uhr

Fundservice der Deutschen Bundesbahn
Hauptbahnhof (Osttunnel); Tel. 2 19 20 21; Mo–Fr 7.30–19, Sa 8–11.30 und 12.15–18 Uhr

Golf

Golfclub am Reichswald
Schiestlstr. 100; Tel. 30 57 30; www.golfclub-nuernberg.de

Internet

Auf **www.nuernberg.de** findet sich die offizielle Internetpräsenz der Stadt. Über Links kann man sich schnell über das Kultur- und Freizeitangebot sowie über aktuelle Veranstaltungen informieren.

Über die Umgebung Nürnbergs geben folgende Seiten Auskunft:
www.fuerth.de
www.erlangen.de
www.fraenkische-schweiz.com
www.fraenkischeseen.de

Medizinische Versorgung

Ärztlicher Notdienst
Kesslerplatz 5; Tel. 1 92 92

Zahnärztlicher Notdienst
Tel. 58 88 83 55; www.zahnnot dienst.de

Notruf

Feuerwehr, Rettungswagen, Notarzt Tel. 112
Polizei Tel. 110

Post

Die Hauptpost befindet sich gleich beim Hauptbahnhof, Bahnhofsplatz 1; Mo–Fr 8.30–19, Sa 9–14 Uhr.

Radio

Abgesehen von den Programmen des Bayerischen Rundfunks gibt es noch mehrere lokale Sender, von denen sich Radio Charivari (UKW 98.6 MHz), Radio F (UKW 94.5 MHz) und Hitradio N1 (UKW 92.9 MHz) der größten Beliebtheit erfreuen.

Schifffahrt

Neptun Personen-Schifffahrt
Schleusen- und Hafenfahrten sowie Ausflüge auf dem Rhein-Main-Donau-Kanal bis Forchheim (meist donnerstags) bietet die Neptun Personen-Schifffahrt von März bis Dezember.
Hügelstraße; Bus 69, Rezatweg; Tel. 6 00 20 55; www.neptun-personenschiff fahrt.de

Schwimmbäder

Hallenbäder
- Langwasserbad, Breslauer Str. 251; Tel. 80 39 79
- Nordostbad, Elbinger Str. 85; Tel. 51 50 25
- Südstadtbad, Allersberger Str. 120; Tel. 44 38 84

Freibäder
- Freibad West, Wiesentalstr. 41; Tel. 33 02 62
- Naturgartenbad, Schlegelstr. 20; Tel. 59 25 45
- Stadionbad, Hans-Kalb-Str. 42; Tel. 86 92 87
- Langsee (Natursee), Ebenseestr. 35; Tel. 54 35 16

www.nuernbergbad.de (alle städtischen Bäder)

Spaßbäder
Palm Beach
Im Vorort Stein gelegenes Freizeitbad mit Wellenbad und Strömungskanal sowie einer großen Saunaanlage.
Albertus-Magnus-Str. 29, Stein; Tel. 68 83 50; www.palm-beach.de

Sport

Fitness
City Fitness Power Tower verfügt über moderne Geräte, auch Badminton sowie einen großen Wellness-Bereich mit vier Saunen (Fürther Str. 212; Tel. 9 39 08 00; www.city-fitness.de).

Fußball
Der **1. FC Nürnberg** trägt seine Heimspiele im easyCredit-Stadion aus (Max-Morlock-Platz 1). Tickets für die Heimspiele gibt es im Fan-Shop in der Ludwigstr. 46 (Tel. 2 17 31 21 oder im Internet: www.fcn.de).

Stadttouren

Stadtrundfahrten
Mit dem Bus: von Mai–Okt. sowie während des Christkindlesmarktes tgl. um 9.30 Uhr; Abfahrt: Hallplatz (bei der Mauthalle); Tel. 2 02 29 10; Dauer 2,30 Std.; Kosten 14 €, Kinder 7 €

Mit der Bimmelbahn: von April–Okt. sowie im Dez. tgl., sonst nur am Wochenende; www.nuernberg-tourist.de; Abfahrt 10.30, 11.15, 12.15, 13, 14, 15 und 16 Uhr am Hauptmarkt (Schöner Brunnen); Dauer 30–40 Min.; Kosten 6 €, erm. 5 bzw. 3 €

Stadtführungen

Es gibt in Nürnberg mehrere Anbieter von historischen sowie themenbezogenen Stadtführungen. Ein besonders breites Angebot bietet der Verein **Geschichte für Alle**, der beispielsweise auf den Spuren von Kaspar Hauser oder Albrecht Dürer durch die Stadt führt, aber auch Rundgänge zum Nationalsozialismus und zur Jüdischen Geschichte konzipiert hat (Kosten 7 €). Informationen über Themen und Termine: Geschichte für Alle e.V., Wiesentalstr. 32; Tel. 33 27 35; www.geschichte-fuer-alle.de.

Der **Verein der Gästeführer Nürnbergs** organisiert tgl. um 13.30 Uhr eine Führung durch die Altstadt (Mai–Okt. auch Sa 10.15 und 20 sowie So um 10.15 Uhr; Tickets 7 €). Treffpunkt ist die Tourist Information am Hauptmarkt. Weitere Touren unter: www.nuernberg-tours.de.

Telefon

Die Vorwahl von Nürnberg aus Deutschland ist 09 11, aus dem Ausland wählt man 00 49-9 11.

Taxi

Auch zu Messezeiten stehen in Nürnberg genügend Taxis zur Verfügung. Die Taxizentrale ist über Tel. 1 94 10 erreichbar. Die Grundgebühr beträgt derzeit 2,60 €, für den ersten gefahrenen Kilometer kommen 2,60 € hinzu, für jeden weiteren Kilometer nur noch 1,25 €.

Verkehrsverbindungen

Öffentliche Verkehrsmittel

Der Verkehrsverbund Großraum Nürnberg (VGN) besitzt ein hervorragendes öffentliches Verkehrsnetz mit U-Bahnen, Straßenbahnen und Bussen. Am Wochenende fahren zudem von 1–4 Uhr morgens die Night-Liner-Busse vom Hauptbahnhof ab.

Die einfache Fahrt kostet 1,90 € für Erwachsene sowie 0,90 € für Kinder bis 14 Jahre. Es gibt aber noch eine Kurzstrecke für 1,60 bzw. 0,70 €. Die Fahrscheine müssen bei Fahrtantritt entwertet werden. Lohnend ist eine 10er-Streifenkarte (8,90 € bzw. 4,40 €) sowie das TagesTicket Solo (3,80 €) oder das TagesTicket Plus (6,60 €) für bis zu 6 Personen (davon höchstens 2 Erw.). Hinweis: Das TagesTicket ist für den gleichen Preis das ganze Wochenende gültig. Wer eine Woche in Nürnberg bleibt, sollte sich eine 7-Tage-MobiCard kaufen (17,30 € für 2 Erw. und bis zu 4 Kinder, gültig ab 9 Uhr). Teurer sind Karten, die den gesamten Verkehrsverbund abdecken (Mittelfranken und angrenzende Städte). Weitere Auskunft erteilt das VAG-KundenCenter im U-Bahnhof Verteilergeschoss beim Hauptbahnhof unter Tel. 2 83 45 45 sowie online unter www.vgn.de.

Zeitungen und Zeitschriften

Die meistgelesene regionale Tageszeitung sind die »Nürnberger Nachrichten«, die mit ihren diversen Lokalausgaben den gesamten Großraum abdecken. Unter www.nn-online.de kann man sich im Internet über aktuelle Ereignisse und Veranstaltungen kundig machen. Im gleichen Verlagshaus erscheint die konservativere »Nürnberger Zeitung«, die in Umfang und Ausstattung der großen Schwester ähnelt (www.nz-online.de). Auch die Boulevard-Berichterstattung ist mit der »Abendzeitung« und der »Bild« mit lokalen Ausgaben vertreten.

Monatlich erscheinen die Stadtmagazine »PRINZ« und »Plärrer«, die über Konzerte, Partys und Kulturereignisse informieren und über einen umfangreichen Restaurant- und Shoppingteil verfügen. Zudem gibt es im Handel ein aktuelles MERIAN-Heft.

Kartenatlas

Orientierung leicht gemacht: mit Planquadraten und allen Orten und Sehenswürdigkeiten.

Legende

Spaziergänge

- Klassische Tour durch die Altstadt (S. 80)
- Vom Burgviertel zum Germanischen Nationalmuseum (S. 82)
- Über das ehemalige Reichsparteitagsgelände (S. 84)

Sehenswürdigkeiten

- MERIAN-TopTen
- MERIAN-Tipp
- Sehenswürdigkeit, öffentl. Gebäude
- Kirche; Kloster
- Schloss, Burg; Ruine
- Synagoge
- Museum
- Denkmal, Gedenkstätte
- Höhle

Verkehr

- Autobahn
- Autobahnähnliche Straße
- Fernverkehrsstraße
- Hauptstraße
- Nebenstraße
- Unbefestigte Straße, Weg
- Fußgängerzone
- Parkmöglichkeit
- Busbahnhof
- U-Bahn
- S-Bahn
- Bahnhof
- Flughafen

Sonstiges

- Information
- Theater
- Markt
- Zoo
- Friedhof
- Jüdischer Friedhof
- National-, Naturpark

A
B
C
1
2
3
4
Wetzendorf
Wachtelstr.
Parler-
Ausbildungszentrum d.
bayer. Bauindustrieverbandes
Zeisig-
str.
Forchhe
Jülicher Str.
Düsseldorfer
Wetzendorfer
Alte Parlerstr.
Str.
Frauentaler Weg
äcker-
Dorf-
str.
Dorfäckerstr.
Bielefelder
Köiner
Bien-
bach-
weg
Delsen-
weg
Dort-
munder
Str.
Str.
Nordwest-
Friedrich
Heimerich-
Schnieglinger
Israelitischer
Friedhof
Krematorium
Westfriedhof
ring
Fleischmann-
str.
Kirschgartenstr.
Poppenreuther
Str.
Poppen-
Str.
Schnieglinger
Str.
Pegnitz
Muggenhof
Johannis-
str.
Wilhelm-Marx-
Johannis-
Nordwest-
Muggenhofer
Gertrud-
Peyer-
str.
str.
Krugstr.
Julienstr.
Amalienstr.
Helmstr.
Str.
Krugstr.
Äuß. Großweidenmühlstr.
Eberhards-
hof
Fahrrad-
Fürther
8
Str.
Str.
4R
Reutersbrunnen-
Wiesental-
Steinstr.
str.
Helenenstr.
Kirschgartenstr.
Sandberg
4
Spohrstr.
Pestalozzi-
str.
Rum.-
orth. K.
Adam-
Str.
Klein-
Has-
Augsburger
Volzstr.
Seeleinsbühlstr.
Lenaustr.
Str.
Str.
Poizei
Maximilianstr.
Mannertstr.
Justiz-
vollzugs-
anstalten
Freibad West
Kleinweiden-
mühle
Brücken-
Pegnitz
Justiz-
gebäude
Untersuchungs
Haftanst.
Reutersbrunnen-
str.
Jüdischer
Friedhof
Fürther
Murrstr.
Beckstr.
Adam-
Bären-
str.
Roon-
Franken-
N.-Neu-
sündersbühl
DB
Maximilian-
Dörflerstr.
Feuer-
leinstr.
Denis-
Klein-
Mendelstr.
Siel-
Bären-
schanze
Trost-
str.
schanz-
str.
Will-
Saubert-
str.
Versorgu
amt
Gostenhof
Au-
Paumgartnerstr.
St.-Anton
Preißler-
Glockendonstr.
Drei-
einigkeitsk.
str.
Str.
Gostenhof
Eberhards-
hofstr.
Seebacher Str.
Möhrendorfer
Str.
Jansenbrücke
Frühlingstr.
Hans-
Bunte-
Str.
Leyher Str.
Witschel-
str.
Müllner-
Str.
Au-
Kern-
Mittlere
Kanalstr.
Obere Kanalstr.
schnellweg
N.-Rothen-
burger Str.
DB
Rothe
Von-der-Tann-Str.
Westpark
Witschelstr.
B.-v.-Suttner-Str.
Holzschuher-
Fuggerstr.
Rosenplütstr.
Rothenburger Str.
Rothenburger Str.
Schreyerstr.
4R
A
B
116
C
Sodenstr.
Nansenstr.
Kollwitzstr.
Wolgemut-
str.
Schlachth
Veterinär

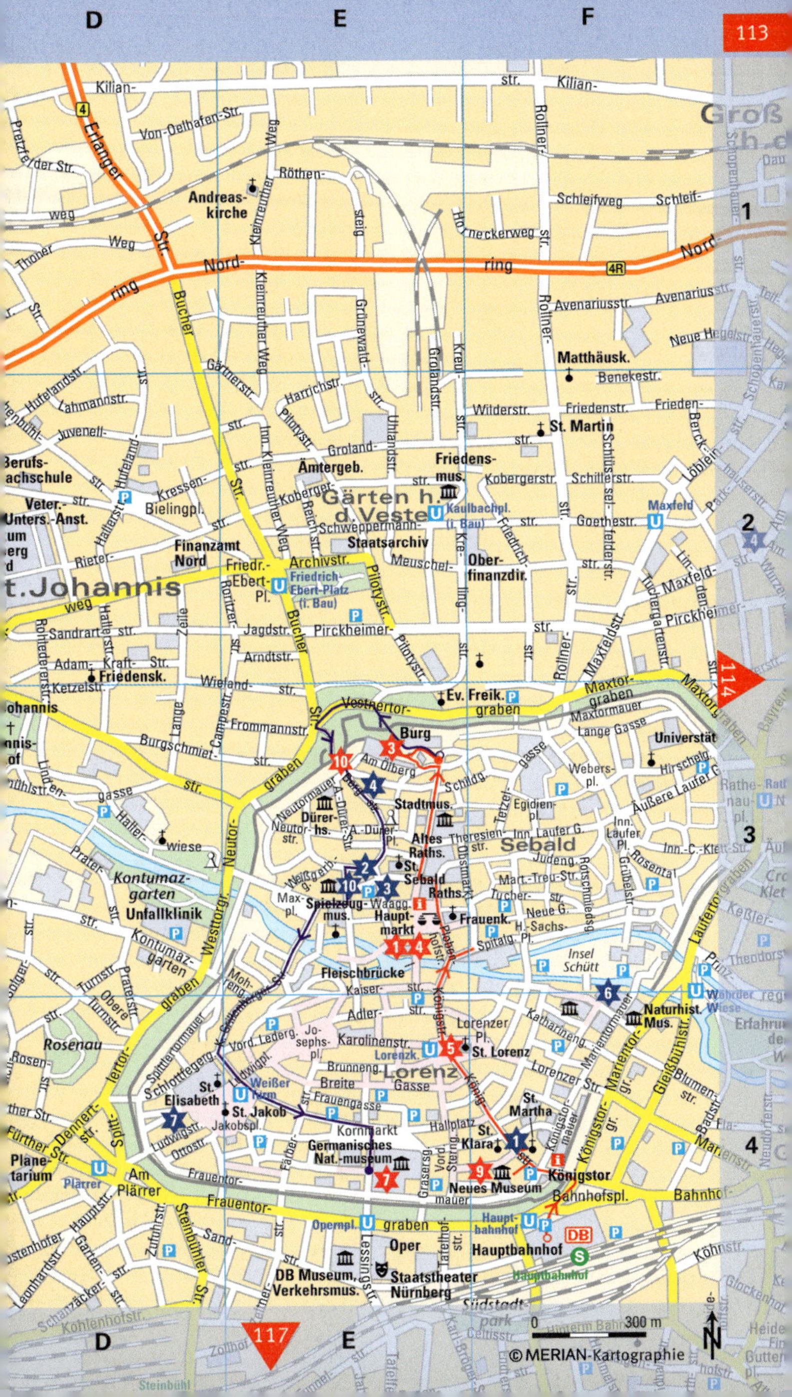

D
E
F
Kilian-
Von-Oelhafen-Str.
Erlanger
Str.
Pretzfelder Str.
Röthen-
Andreas-
kirche
Kleinreuther
Weg
Schleifweg
Schleif-
Hornecker weg
Nord-
ring
Nord
Avenariusstr.
Avenariusstr.
Neue Hegelstr.
Matthäusk.
Benekestr.
Wilderstr.
Friedenstr.
St. Martin
Grolandstr.
Groland-
Ämtergeb.
Friedens-
mus.
Kobergerstr.
Schillerstr.
Maxfeld
Gärten h.
d. Veste
Kaulbachpl.
(i. Bau)
Goethestr.
Schweppermann-
Staatsarchiv
Meuschel-
Ober-
finanzdir.
Berufs-
achschule
Veter.-
Unters.-Anst.
Bielingpl.
Kressen-
Finanzamt
Nord
Archivstr.
Friedr.-
Ebert-
Pl.
Friedrich-
Ebert-Platz
(i. Bau)
St. Johannis
Sandrart-
Jagdstr.
Pirckheimer-
Arndtstr.
Adam-Kraft-Str.
Friedensk.
Wieland-
Frommannstr.
Ev. Freik.
Maxtor-
graben
Maxtormauer
Lange Gasse
Universtät
Vestnertor-
graben
Burg
Am Ölberg
Burgschmiet-
Schildg.
Webers-
pl.
Egidien-
pl.
Hirschelg.
Äußere Laufer G.
Neutormauer
Dürer-
hs.
A.-Dürer-Str.
Stadtmus.
Altes
Raths.
Theresien-
str.
Inn. Laufer G.
Sebald
Inn.
Laufer
Pl.
Judeng.
Rosental
Hallerwiese
Kontumaz-
garten
Unfallklinik
St.
Sebald
Raths.
Mart.-Treu-Str.
Tucher-
Neue G.
Spielzeug-
mus.
Waagg.
Haupt-
markt
Frauenk.
H.-Sachs-
Pl.
Spitalg.
Insel
Schütt
Fleischbrücke
Kaiser-
Adler-
Lorenzer
Pl.
Königstr.
Katharineng.
Naturhist.
Mus.
Karolinenstr.
Lorenzk.
St. Lorenz
Jo-
sephs-
pl.
Vord. Lederg.
Westtorgr.
Rosenau
Brunneng.
Lorenz
Breite
Gasse
Weißer
Turm
St.
Elisabeth
St. Jakob
Jakobspl.
Frauengasse
Kornmarkt
Hallplatz
St.
Martha
St.
Klara
Germanisches
Nat.-museum
Neues Museum
Königstor
Bahnhofspl.
Bahnhof
Plärrer
Am
Plärrer
Frauentor-
graben
Opernpl.
Haupt-
bahnhof
DB
Hauptbahnhof
Oper
Staatstheater
Nürnberg
DB Museum,
Verkehrsmus.
Lessingstr.
Südstadt-
park
Steinbühler Str.
Fürther Str.
Plane-
tarium
Kohlenhofstr.
Steinbühl
114
117
0
300 m
© MERIAN-Kartographie
1
2
3
4

A
B
C
5
6
7
8
Großreuth h.d.V.
Nordostbahnhof
N.-Nordostbahnhof
Nordost-bahnhof
Maxfeld
Schoppershof
Rennweg
Gärten b. Wöhrd
Wöhrd
Gleißbühl
St. Peter
Georg-Buchner-Str.
Am Nordostbahnhof
Kieslingstr.
Leipziger Pl.
Daumerstr.
Gerngros-str.
Senefelder-str.
Meriansstr.
Cochlaeusweg
Bayreuther Str.
Nordring
Hintermayrstr.
Äußere Bayreuther Str.
Virchow-str.
Schopenhauerstr.
Stadtpark
Schillerdenkmal
Stadtpark
Kantstr.
Hegelstr.
Tellstr.
Avenariusstr.
Neue Hegelstr.
Berufsbildungszentrum
Ev. Reformations-Gedächtnis-K.
Am Stadtpark
Wurzelbauerstr.
Eichamt
Carl-von-Linde-Str.
Willibaldstr.
Elbinger Str.
Neuap. K.
Welserstr.
Schoppershof
Mommsenstr.
Merseburger Str.
St.-Theresien-Krkhs.
Kapelle
Zwickauer Str.
Plauener Str.
Chemnitzer Str.
Teutoburger Str.
Kasseler Str.
Graudenzer Str.
Längenstr.
Oedenberger Str.
Bismarckstr.
Sternwarte
Lutzstr.
Scharrerstr.
Hornstr.
St. Benedikt
Tauroggenstr.
Sulzbacher Str.
Tafelhalle
Museum Industrie
Dr.-Gustav-Heinemann-Str.
Hochschule f. Musik
Pflegezentrum
Sebastianspital
Friedhof
Veilhofstr.
Zentr.-finanzamt
Freibad Bayern 07
Wöhrder See
Wasserspielplätze
Norikerstr.
Ostendstr.
Kressengartenstr.
Wöhrder Talübergang
Tullnaustr.
Teutonenstr.
Dagmarstr.
Arminiusstr.
Gleißhammerstr.
Zeltnerweiher
Schloss
Zerzabelshofstr.
Schloßstr.
Goldbachstr.
Gleißhammer
Dürrenhof
Burgerstr.
Stephanstr.
Peterstr.
Dürrenhofstr.
Regensburger Str.
Köhnstr.
Neuap. K.
Keplerstr.
Glockenhofstr.
Baustr.
Untere Baustr.
Bahnhofstr.
Marienstr.
Neudörferstr.
Flaschenhofstr.
Vogelsgarten
Erfahrungsfeld der Sinne
Wöhrder Wiese
Pegnitz
Prinzregentenufer
Wöhrder Wiese
Theodorstr.
Fachhochschule
Wollentorstr.
Poliklinik
Keßlerstr.
Cramer-Klett-Park
Äuß. Cramer-Klett-Str.
Wöhrder Hauptstr.
St. Joseph
Rahmwinger
Georgstr.
Strobelstr.
Bartholomäusstr.
Bauvereinstr.
Merkelsgasse
Wächterstr.
Rathenaupl.
Nunnenbeckstr.
Sulzbacher Str.
Lenbachstr.
Rudolphstr.
Feldgasse
Veillodterstr.
Ludwig-Feuerbach-Str.
Martin-Richter-Str.
Werderstr.
Adamstr.
Heerwagenstr.
Fichtestr.
Mathildenstr.
Fenitzerstr.
Deumentenstr.
Schoppershofstr.
Wiesentalstr.
Am Messehaus
Rennweg
Kühnhoferstr.
Deichslerstr.
Hohfederstr.
Siebmacherstr.
Felseckerstr.
Riehlstr.
Äußere Sulzbacher Str.
Laufertorgraben
Maxfeld
Heideloffpl.
Pirckheimerstr.
Kirchenstr.
St.-Peter-Friedhof
St. Peter
Harsdörfferstr.
Regensburger Str.
Kunigund
Bessemerstr.
Veilburger
Guttenbergpl.
Strauchstr.
118
113
A
B
C

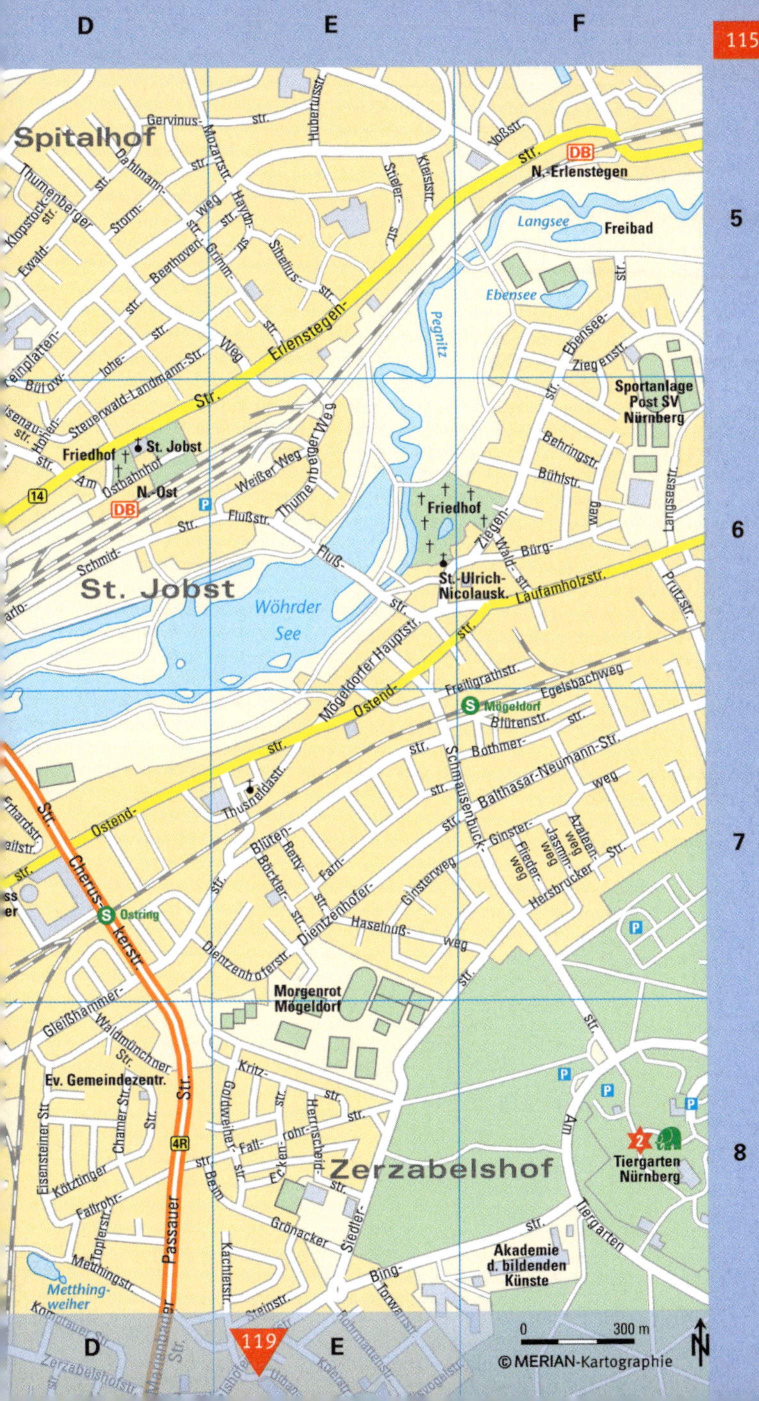
D
E
F
5
6
7
8
Spitalhof
Gervinus-
str.
Mozartstr.
Hubertusstr.
Dahlmann-
Thumenberger
Klopstock-
str.
Ewald-
Storm-
Beethoven-
Grimm-
Haydn-
Sibelius-
Stieler-
Kleiststr.
Voßstr.
N.-Erlenstegen
Langsee
Freibad
Ebensee
Pegnitz
Erlenstegen-
Weg
Steuerwald-Landmann-Str.
Bülow-
Friedhof
St. Jobst
Am
Ostbahnhof
N.-Ost
DB
14
Weißer Weg
Thumenberger Weg
Flußstr.
Schmid-
St. Jobst
Wöhrder
See
Fluß-
Ebensee-
Ziegenstr.
Sportanlage
Post SV
Nürnberg
Behringstr.
Bühlstr.
Langseestr.
Friedhof
Ziegen-
Wald-
Bürg-
St.-Ulrich-
Nicolausk.
Laufamholzstr.
Prutzstr.
Mögeldorfer Hauptstr.
Ostend-
Freiligrathstr.
Mögeldorf
Egelsbachweg
Blütenstr.
Bothmer-
Balthasar-Neumann-Str.
Schmausenbuck-
Ginster-
Flieder-
weg
Jasmin-
weg
Azaleen-
weg
Hersbrucker
Str.
Thusneldastr.
Ostend-
Str.
Cheruskerstr.
Ostring
Blüten-
Böckler-
Retty-
Farn-
Dientzenhofer-
Ginsterweg
Haselnuß-
weg
Dientzenhoferstr.
Morgenrot
Mögeldorf
Gleißhammer-
Waldmünchner
Str.
Ev. Gemeindezentr.
Eisensteiner Str.
Chamer Str.
Kötztinger
Fallrohr-
Topferstr.
Metthingstr.
Metthing-
weiher
4R
Passauer
Str.
Kritz-
Goldweiher-
Fall-
Ecken-
rohr-
Herrnscheid-
Zerzabelshof
Grönacker
Siedler-
Kachletstr.
Steinstr.
Bing-
Torwartstr.
Am
Tiergarten
Tiergarten
Nürnberg
Akademie
d. bildenden
Künste
119
0
300 m
© MERIAN-Kartographie
N

112

Westpark
A
B
C
9
10
11
12
St. Leonhard
Rothenburger Str.
Rothen- burger str.
Sündersbühl
Gustav-Adolf-Str.
Wallenstein-
Von-der-Tann-Str.
Gustav-Adolf-
Kollwitzstr.
Ossietzky-str.
Fuggerstr.
Rosenplütstr.
Wolgemut-str.
Rothenburger Str.
Schlachthofstr.
Veterinär-amt
Michael-Ende-Str.
Webersgasse
Friedhof
St. Leonhard
Schwabacher Str.
Amselstr.
Wilhelm-str.
Hermann-str.
St. Bonifaz
Zoller-str.
Otmarstr.
Felixstr.
Kreutzerstr.
Georgstr.
Grün-str.
Leopold-str.
Orff-str.
Hein-rich-str.
Schweinauer Str.
Blücher-str.
Schneppenhorststr.
Konstanzer-str.
Neuap. Kirche
Goerdelerstr.
Leopold-str.
Kunigundenstr.
Geissee-str.
N.-Schweinau
DB
Schweinau
Olgastr.
Kreuzsteinstr.
Marktstr.
Am Tillypark
Tillystr.
Eisen-str.
Holzwiesen-str.
Schweinauer Hauptstr.
Elisenstr.
Hintere str.
Lochnerstr.
Kreuzkirche
Nopitsch-Str.
4R
N.-Sandreuth
Hohe Marter
St. Wolfgang
Turnerheimstr.
Friesenstr.
Dieselstr.
Hansa-str.
Schweinau
Eythstr.
Rottweiler Str.
Zweibrückener Str.
Ambergerstr.
Jaeckelstr.
R.-Bosch-Str.
Forsterstr.
Industriestr.
Werde
Fernmelde-turm
Oliven-weg
Esslinger Str.
Reutlinger Str.
Hohe Marter
Heidenheimer Str.
Daimlerstr.
Südwest-tangente
Ansbacher Str.
14
Colmberger Str.
Main-Donau-Kanal
Am Röthenbacher Landgraben
Platz der Deutschen Einheit
Burgsalacher Str.
Weißenburger Str.
Ellingstr.
2
Rüstern-weg
Kiefernschlag
Hainbuchen-weg
An der Rüstern-
Pappel-weg

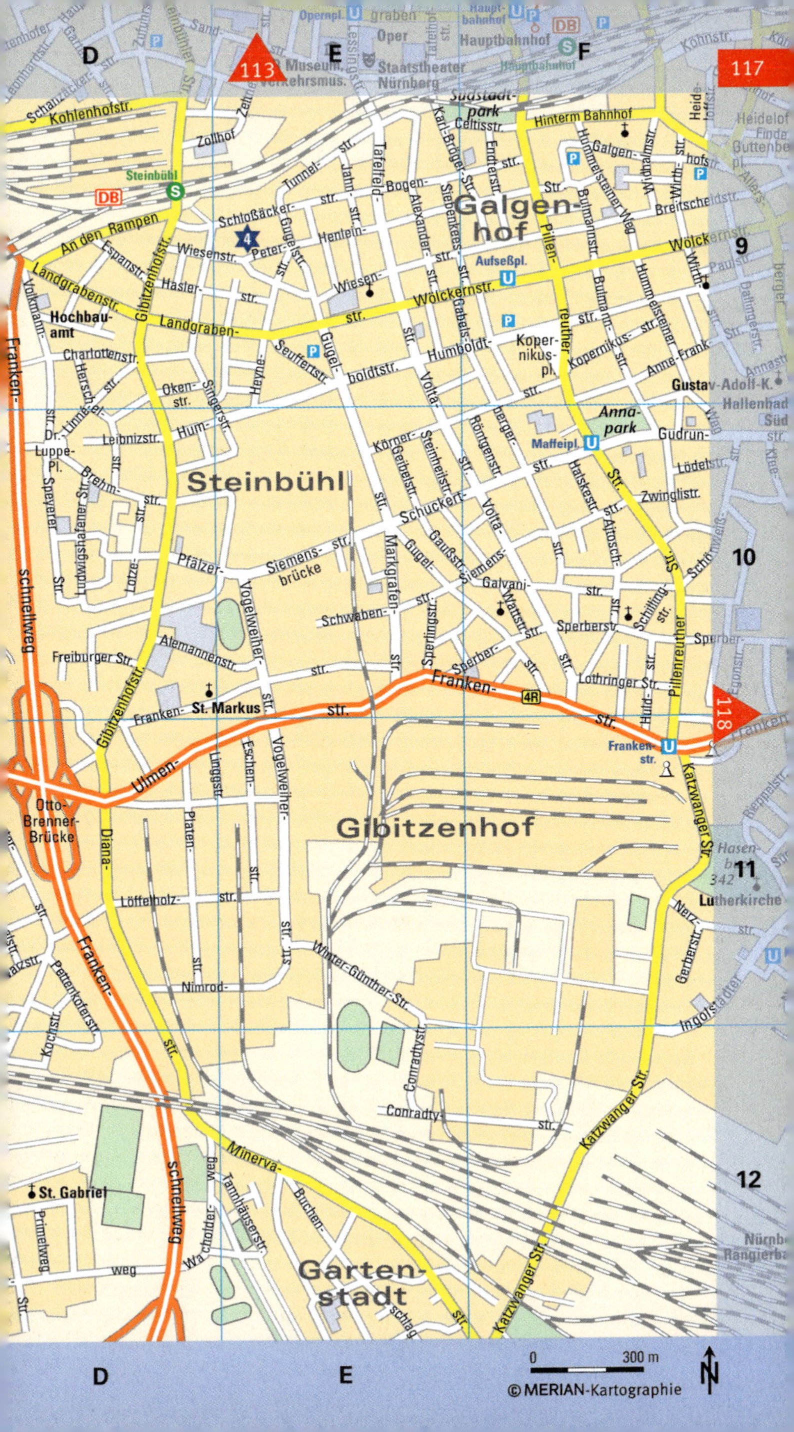
113
118
D
E
F
9
10
11
12
Steinbühl
Galgenhof
Gibitzenhof
Gartenstadt
Opernpl.
Oper
Hauptbahnhof
Staatstheater Nürnberg
Museum Verkehrsmus.
Südstadtpark
Kohlenhofstr.
Zollhof
Steinbühl
An den Rampen
Landgrabenstr.
Landgraben-
Hochbauamt
Gibitzenhofstr.
Wiesenstr.
Wölckernstr.
Aufseßpl.
Hinterm Bahnhof
Galgenhof
Breitscheidstr.
Kopernikuspl.
Humboldtstr.
Gustav-Adolf-K.
Annapark
Maffeipl.
Gudrun-
Pillenreuther Str.
Schuckertstr.
Siemensbrücke
Pfälzer-
Alemannenstr.
Freiburger Str.
St. Markus
Frankenstr.
Frankenschnellweg
Otto-Brenner-Brücke
Ulmenstr.
Dianastr.
Löffelholzstr.
Nimrodstr.
Winter-Günther-Str.
Conradtystr.
Katzwanger Str.
Lutherkirche
Minervastr.
St. Gabriel
Ingolstädter
Lothringer Str.
Frankenstr.
0
300 m
© MERIAN-Kartographie

A
B
C
114
117
13
14
15
16
Peter
St. Peter
St.-Peter-Friedhof
St. Kunigund
Regensburger Str.
Harsdörfferstr.
Kirchenstr.
Heideloffpl.
Findelwiesenstr.
Guttenberg-pl.
Schweiggerstr.
Allersberger Str.
Herbart-
Hainstr.
Scharrer-
Velburger
Bestelmeyerstr.
Neumarkter Str.
Bundesagentur f. Arbeit
Paulstr.
Augusten-
Berufssch.
Spaeth-
Baaderstr.
Nibelungenstr.
Dallingerstr.
Annastr.
Forsthof-
Kriemhildstr.
Siegfried-
Gustav-Adolf-K.
Hallenbad Süd
Wodan-
Gunther-
Brunhildstr.
Isolden-
Lohengrin-
Walkürenstr.
Rankestr.
Parsifal-
Münchener Str.
Pl. d. Opfer d. Faschismus
Schultheiß-
Meistersinger-halle
Weddigen-
Ludwig-Frank-Str.
Boelcke-
Fliegerstr.
Universität Erlangen-Nürnberg
Gleißhammer
Luitpold-hain
An der Ehrenhalle
Im Posthof
Normen-
Hermunduren-
Kreiswehr-ersatzamt
Markomannenstr.
Bapt. K.
Sperber-
Egonstr.
Oswaldstr.
Ingostr.
Frankenstr.
Bayernstr.
Hauptzollamt Nürnberg/Führt
Bundesamt f. d. Anerkennung ausländischer Flüchtlinge
Oskar-von-Miller-Str.
Kongresshalle
Volks-fest-platz
Volks-park
Die Nummernweiher
Flach-weiher
Kleiner Dutzendteich
Silbersee
St. Theresia
Innsbrucker Str.
Tiroler Str.
Ingolstädter Str.
Rieppelstr.
Südtiroler Pl.
Hasen-buck 342
Lutherkirche
Brunecker Str.
Hasenbuck
Nerzstr.
Güterbahnhof Nürnberg-Süd
Nürnberg Rangierbahnhof
Bauernfeindstr.
Richard-Benzinger-Weg
Sonnenstr.
Katzwanger Str.
Gudrun-
Lödelstr.
Zwinglistr.
Pillenreuther
4R
8

D
E
F
115
Akademie d. bildenden Künste
Metthing-weiher
Komotauer Str.
Zerzabelshofstr.
Ring Marienbad Str.
Zerzabelshofer Hauptstr.
Urban-
Kolerstr.
Rohrmattenstr.
Eisvogelstr.
Auferstehungs-kirche
Schöpfstr.
St. Stefan
Valznerweiher-str.
Pastorius-
Ben-Gurion-
Schedel-
Ayrerstr.
Valzner-weiher
Valznerweiher
Zerzabelshofer Forst
Waldlust-
Viatis-
Siebenbürger Str.
Viatisstr.
Banatstr.
Forstdienst-stelle
Dutzend-teich
Itzhak-Rabin-Str.
Regensburger Str.
Sportanlage 1. FC Nürnberg
Valznerweiherstr.
Herzog-
Seume-
Freibad
4
Zeppelin-str.
Hans-Kalb-Str.
Frankenstadion
Beuthener Str.
ehem. Reichspartei-tagsgelände
Zeppelin-feld
Hermann-Böhm-Str.
Arena Nürnberger Versicherung
Kurt-Leucht-Weg
Karl-Steigelmann-Str.
Landesaufnahmestelle des Freistaates Bayern
Grundig-Akademie
easyCredit-Stadion
Hans-Kalb-Str.
Stadion-bad
Große
Parkhaus
CCN
Briefzentrum 90/91 Post-Direktion
Schönleben-Str.
Korczakweg
Kerschensteinerstr.
Langwasser-see
Hans-Fallada-Str.
Karl-
Messe
zentrum
P
13
14
15
16
0
300 m

T

U

V

W

Z

Hier finden Sie alphabetisch aufgeführt alle in diesem Band beschriebenen Sehenswürdigkeiten, Museen, Hotels (H) und Restaurants (R). Darüber hinaus enthält das Register wichtige Stichworte sowie alle MERIAN-Tipps, -TopTen und -Spezial dieses Reiseführers. Wird ein Begriff mehrfach aufgeführt, verweist die **fett gedruckte** Zahl auf die Hauptnennung, eine *kursive* Zahl verweist auf ein Foto.

A

B

C

D

E

F

iebe Leserinnen und Leser,
ir freuen uns, Ihre Meinung zu diesem Reiseführer zu erfahren. Bitte schreiben Sie uns, wenn Sie Berichtigungen und Ergänzungsvorschläge haben oder wenn Ihnen etwas besonders gut gefällt:

TRAVEL HOUSE MEDIA GmbH, Postfach 86 03 66, 81630 München
E-Mail: merian-live@travel-house-media.de, Internet: www.merian.de

DER AUTOR
Diesen Reiseführer schrieb der Historiker **Ralf Nestmeyer**, der als Reiseschriftsteller in Nürnberg lebt und arbeitet. Er ist Autor von zahlreichen Reiseführern und literarischen Sachbüchern. Für MERIAN *live!* verfasste er die Bände »Bayerischer Wald«, »Cinque Terre und Ligurien« sowie »Sizilien«.
www.nestmeyer.de

Bei Interesse an digitalen Daten aus der MERIAN-Kartographie wenden Sie sich bitte an:
iPUBLISH GmbH, Abt. Cartography
merianmapbase@ipublish.de
www.merianmapbase.de

FOTOS
Titelbild: Stadtansicht Nürnberg mit Burg (Bildagentur Huber/R. Schmid).
Alle anderen Fotos Th. Stankiewicz außer: A1PIX/D 37; Arco Images GmbH/Alamy 8; P. Bialobrzeski/laif 82; Bildagentur Huber/R. Schmid 49; Chocolat 29; T. Gerber 22, 42/43, 55, 63; R. Hackenberg 10/11, 76; Hotel Vosteen 12; A. Hub/laif 26; imagebroker/Alamy 84; Interfoto/Alamy 67; Jahreszeiten Verlag/GourmetPictureGuide 19; D. Karmann/picture-alliance/dpa 59, 83; R. Nestmeyer 14, 96, 99; Th. Pflaum/Visum 92; V. Pomortzeff/Alamy 41; N. Probst/mauritius images/imagebroker 9; P. Roggenthin/picture-alliance/dpa 34; U. Schweitzer/mauritius images/imagebroker 54; G. Westrich 24, 50, 62, 64, 70, 75, 80, 81; G. Westrich/laif 52

Alle Angaben in diesem Reiseführer sind gewissenhaft geprüft. Preise, Öffnungszeiten usw. können sich aber schnell ändern. Für eventuelle Fehler übernimmt der Verlag keine Haftung.

PROGRAMMLEITUNG
Dr. Stefan Rieß
REDAKTION
Stella Rahn, Simone Schmidt
LEKTORAT UND SATZ
Ewald Tange, tangemedia, München
GESTALTUNG
wieschendorf.design, Berlin
KARTEN
MERIAN-Kartographie
DRUCK UND BINDUNG
Polygraf Print, Slowakei
GEDRUCKT AUF
Eurobulk Papier von der Papier Union

1. Auflage

TRAVEL HOUSE MEDIA

Ein Unternehmen der
GANSKE VERLAGSGRUPPE

Nürnberg

MERIAN-Tipps

Tipps und Empfehlungen für Kenner und Individualisten

1 **Drei Raben**
Ein witziges Themenhotel mitten in der Altstadt. Hier haben auch die Zimmer einen Bezug zu Dürer und Co. (→ S. 13).

2 **Essigbrätlein**
Die Gewürzküche von Andree Köthe und Yves Ollech ist seit Jahren der fränkische Gourmettempel schlechthin (→ S. 18)!

3 **Café Neef**
Größere Tortenstücke wird man in Nürnberg vergeblich suchen. Dazu feinste Pralinen und leckerste Schokoladen (→ S. 22).

4 **Elisenlebkuchen**
In der Weihnachtszeit führt kein Weg an einem Elisenlebkuchen mit viel Mandeln und Nüssen vorbei (→ S. 27).

5 **Trempelmarkt**
Buntes Markttreiben inmitten der Altstadt. Trotz allerlei Trödel und Ramsch kann man auch Raritäten erstehen (→ S. 28).

6 **CINECITTÀ**
Eine kleine Kinostadt mit 17 Sälen und dem riesigen Imax-Kino lässt die Herzen der Cineasten höher schlagen (→ S. 31).

7 **Bäckerhof**
Ein großer Ballsaal mit echtem Kronleuchter sind die optischen Merkmale des Szenetreffs samt Thai-Restaurant (→ S. 33).

8 **Blaue Nacht**
Bis in den frühen Morgen werden Ende Mai Performances und Kunstaktionen in der Altstadt präsentiert (→ S. 35).

9 **Bardentreffen**
Ein ganzes Wochenende lang verwandelt sich die Altstadt in eine riesige Freilichtbühne mit Gratiskonzerten (→ S. 36).

10 **Spielzeugmuseum**
Mitten in der Spielzeugstadt präsentiert das Museum viele Schätze, die Kinderaugen zum Leuchten bringen (→ S. 39).

← MERIAN-TopTen
finden Sie auf Seite 1